100% CLIMBING JINSEI
HIDEKI HIGASHI
100%
クライミング人生
東秀磯

# CONTENTS

## 2013-2016



## 2017-2020



## 2021-2023



クライミングラボ番外編

# はじめに

「クライミングラボ」は当初、ラボ（研究所）の言葉が入るとおり、ギアや技術を解説することをテーマに『ROCK&SNOW』に連載を開始した。しかし「クライミングは高所で行なう」ということと「人間はミスを犯しやすい」という2要素を化合すると行き着く先は危険が潜んでいる。このため「クライミング」というワードが織りなす種々の事柄をテーマにするとともに、経験した「アクシデント」にも焦点を当ててみた。

通常のクライミングではしっかりと安全を確認する。ただしルートセッターには競技開始の時間制限があるし、開拓クライマーには限られた遠征日程がある。そのなかで高いパフォーマンスを発揮しようとすると、安全に対する意識がついつい低くなり危険な状態になっていることがある。

あるコンペではなかなかセットが決まらず、徹夜で作業して、宿舎に帰ったのは試合開始の2時間前だった。ヘロヘロになりながら「とりあえずシャワーだけでも浴びるか」とロビーに行くと、出動前の審判から「何をぼやぼやしているんだ。試合会場に行くぞ!」と言われた。

インドネシアでのコンペではクライミングウォールの完成が試合当日の朝になりそうだったため、前夜に半分しかできていない壁にぶら下がってセットした。そして48時間寝ずに働いて、なんとか試合の形にした。下を見るとその国のスタッフたちは道路に寝ていた。

イランではちょうどラマダン（断食月）に試合があり、ひもじさでふらふらになりながらセットしたことがある。郊外に買い出しに行こうとも思ったが、体育館の入り口には機関銃を持った革命防衛隊の兵士がいたので、一食に命を懸けるほどではないと諦めた。

また、遠出でのルート開拓では日程が少ないなかで、どうしても本数を稼ぎたいし、その日のうちに仕上げたいルートもある。そのため急いで壁にぶら下がってから「あれ、バックアップは取ったっけ？」と不安になるときもある。ぶら下がったロープが岩に触れて落ちてきた石がヘルメットを直撃したり、下に落とした大きな浮き石がロープに絡まって寸前のところで支点が吹っ飛びそうになったりしたことがある。開拓からの帰り、落とした冷蔵庫大の落石がガードレールの下に挟まっていて、その下には他人のテントがあったことである。

つまり私は常に「悪条件」というプールでタイムレースをしている。そして時々、またはしばしばアクシデントに足を引っ張られて溺れそうになっているのだ。

私はルート開拓でガムシャラに働いて1日5本のルートを作ることもあった。「それなら1日2本のペースにすれば安全に作業できるのでは？」と言われることがある。おっしゃるとおりである。ただしフェラーリやランボルギーニに「常に時速40㎞で走れば事故はない」というのと一緒で、潜在能力のギリギリのところで勝負するのが面白いのだ。５・13台をオンサイトできるクライマーが

「11台を登っていれば体の負担が少ない」と言われても同意できないのと同じかもしれない。

そして猛然とダッシュして危ない目に遭ったときだけ、「ここはペースを落として危険を見極めよう」と思うのである。それでも数刻もたつとまた疾走してしまう。つまり私にとって無我夢中はサガであり、危険は宿命なのだ。

カバーイラストレーション　江崎善晴
装丁デザイン　伊勢弥生
（DNPメディア・アート）
校正　中井しのぶ

# 2005-2008

言葉を掘り下げる

車とクライマー

絶体絶命

絶体絶命2

モチベーション

お国柄とはいうけれど

いらないルート開拓

ルートセッターに愛の手を

判断ミスはなぜ起こる?

岩を探せ!

マナーよりマネー?

# 言葉を掘り下げる

クライミングというスポーツでは外来語がよく使われる。道具や技術が海外から導入されたものであるので当然である。またクライミングは専門性の高いジャンルであるため固有の言葉も多いようだ。そんななか、クライミングで使われる言葉や用語の意味合いと成因を考えてみたいと思う。

## クライミング用語の生まれ方

クライミングでは外来語が多く使用されている。まあ技術や道具もほとんど輸入ものなので無理はない。この現代風のクライミングが日本に導入されてもう30年くらいになり、それまでさまざまな用語が輸入されてきた。そのいくつかは日本語に置き換えられたものの、基本的には外来語のまま使っていることが多い。クライミングは「岩登り」と言い換えられても、ムーブを「動き」と翻訳すると意味合いが変わってしまう。クライミングで使う「ムーブ」という英語の語感からは「動き」で言い表される一般的な体の移動ではなく、クライミング独特の身のこなしがイメージされるからである。当然、英語圏では多種の意味内容があるが、日本での外来語は固有名詞化して使い勝手がいいことがある。

テクニック用語である「ジャミング」や「レイバック」も日本語にしづらい。ただしアイソレーションルーム（選手隔離室）みたいな特殊用語をそのまま使用すると、競技会の現地スタッフなどは、ずいぶんとなじみにくいようである。開会式の際、某市長が「……選手のみなさんはこれからアイスクリームルームに入られて……」と言うのを何度も聞かされたときには、クライミング関係者以外の方が携わる機会が多い用語は日本語にしたほうが、物事がスムーズに運ぶのかもしれないと思ったが……。

拙書『インドア・クライミング』でムーブの種類として「インサイド・フラッギング」や「アウトサイド・フラッギング」という用語を紹介したためか、国内でもその言葉を多く耳にするようになった。ただしこれらは長すぎて、コーチがムーブを指示している間に落ちないか心配である。今度、本を書くチャンスがあればもっと端的に言い表せるよう「インフラ」とかの短縮語も添えようかとも思うが、ただしこれはもう別の意味で先に使われてしまっている（インフラストラクチャー=社会基盤）。いっそ「内振り」とか「外振り」と、日本語にしたほうがいいのだろうか。

## 専門誌の用語について

さて最近の本誌はどんどん専門化していく傾向にあるようで、「岩雪3年」*と呼ばれマニアックさには定評のあった前身『岩と雪』に迫ってきているとの声がある。確かに専門誌の立場上、内容は進化していくのが当然であるが……。

他の専門誌はどうなのだろうか。モータースポーツ誌のF1マシンの解説などはこうである。「……R24は前後ともにサスペンションストロークが小さく、ソリッドだがフロントプッシュロッドをアップライトにマウントすることで、フロントタイヤのステアリングジオメトリーを巧みに設定しているのだ」（週刊オートスポーツ／F1サスペンションの超常識）と、これくらいの内容は超常識らしいのだ。

クライミングの場合、こんな感じだろうか。「インサイド・フラッギングの軸足に負荷するウエイトは、ヒールアップした状態でインフロント部分を中心にツイスティングさせるが、グラスピングパワーをダウンさせるためにはターンインぎみにピッチングし、ウォール方向にボディダイブしたほうがスメアリングを向上させ、ポジティブなパフォーマンスが得られる」。ウーン、なんともなんとも。

*…『岩と雪』の内容を理解できるようになるには3年かかるとの定説。

## フォールライン

これから新しく流布するであろうクライミング用語のなかで、『続 生と死の分岐点』(山と溪谷社)に出ていた「フォールライン」という用語はたいへん有用である。フォールラインとは落下線のことで、クライマーが墜落する恐れのある場所のことだ。ビレイヤーや、クライミングエリアで待機するクライマーは上からの墜落を予知し、フォールラインから身をかわしておく必要がある。なにしろ墜落者は重力に従うしか方法はないのであるから。

これはボルダリングにもいえる。リードクライミングでは一定距離を登るとグラウンドフォールの危険はほぼなくなるが、ボルダリングではすべてのフォールがグラウンドフォールであるから「プロブレムのアクシス真下」、つまりフォールラインには絶対立ち入らないようにしたい。悪いのは蹴った人間ではなく、蹴られた人間なのだ。

落石についても該当させることができるだろう。落石のフォールラインは「クライマーが登っているルートの真下(人為的な落石の可能性がある)」や「ルート最上部の真下のライン(自然落石の危険性がある)」のことで、このT形(クライマーが多いエリアではクシ形になる)の部分で待機することは差し控えたほうが無難である。落石は不確定度が高いため、それを予知することは困難であるが、このフォールライン上にいないことで、その危険性はずいぶんと低くなることであろう。事実、岩場の上には多くの浮き石が散在しているもので、細い木の根元にかろうじて引っかかっているような〝時限爆弾〟もよく見かける。そしてその真下でクライマーが多くたむろしているのを見ると、悲惨な状況をたやすく推測できる。

最近、城山や城ヶ崎でも落石による事故があったし、慈眼寺（徳島県）では自然落石による死亡事故の影響で、現在エリアが閉鎖されている。垂直以下の壁ではもちろん、落石のフォールラインは取付付近となるが、前傾では取付よりずっと後ろになる（ルート途中からのものを除く）。むしろ取付は最も安全という場合も多い。落石は被災者のみならず多くの関係者に大きな損害を与えるので、極力、被災しないエリアで待機しなければならない。クライマーの真下で確保するビレイヤーはもちろん、クライマーのいるルートの真下や、エリアの上部から自然落石がありそうなライン上に待機する人々には「そこはフォールラインだから危ない」と声をかけていただきたいものだ。

## 今後はどんな言葉が

今まで意識しなかった状態や技術が、新しい用語によって意識し始められる。言葉にはそういう有用性がある。

今後使ってみたい用語の候補は、またF1だが「オブジェクティブ・ファクター」と「サブジェクティブ・ファクター」というのがある。前者は、あらかじめわかっている基本的な要素、後者は予想外の要素ということである。コーナーの数や種類・路面温度などはオブジェクティブ・ファクターで、天候の急変やライバルチームの動きなどはサブジェクティブ・ファクターということになる。クライミングでも、競技ルートなどのオブザベーションのときに下から観察できるホールドの位置や形状はオブジェクティブ・ファクターとなり、登っているうちに事前観察と異なる要素（握れると予想したホールドが中継ホールドだったり……）が出てきた場合は、それがサブジェクティブ・ファクターといえる。ユージに聞くと「核心部ではその攻略方法を3通りくらい考えている。あのホールドの持ち加減がこうだったらこの方法だけど、それより悪かったらこうしようとか。その予想も超えていたらその場で対処するんだ。自分では現場処理と呼んでるけどね」ということのよう。

コンペ対策に長のあるフランス・ナショナルチームのオブザベーション力はすごいらしく、目で登れば実際に登るのと同じくらい感情移入ができるらしい。目でルートをたどるだけで、ホールドの持ち加減だけでなく、パンプの状態や呼吸の高まりも意識できるとか（?）。なにしろ一度オブザベーションすれば、一度登ったのと同じになり、試合ではレッドポイントしに登るのと同様らしいのだ。
今後、各国のクライマーに対抗するため、また自分のパフォーマンス力をアップさせるためには、オブジェクティブ・ファクター（事前情報）を正確にとらえる技術と、サブジェクティブ・ファクター（現場処理）に対し的確に対処できる能力を向上させる必要があるだろう。

## 最新業界用語

クライミング界も造語や流行語がかまびすしい。最近使われている言葉を拾ってみた。

**シットスタート**＝ボルダリングで、しゃがんだ状態からスタートする方法。コンペではオーソドックスなスタート方法。

**地ジャン**＝ボルダリングで地面からジャンプして取り付く方法。

**ケツジャン**＝シットスタートではスタートホールドをきちんと両手で保持してから登りだすが、ケツジャンでは、尻ではずみをつけてスタートしても許される。

**足限（アシゲン）**＝シールの貼ってある課題で、手も足もシールの付いたホールドを使用しなければいけないルート。

**足フリー／アリアリ**＝手はシールを貼ったホールドをたどるが、足はどのホールドを使ってもいいルート。

**中継／インターミディエイト**＝主に持つホールドではなく、いったん体を支えるために使用するホールド。

**手に足**＝手で持っているホールドに足を乗せること（手の上にではない）。

**生石（ナマイシ）**＝人工壁に対して自然の岩のことをいう。自然のボルダーを指すことが多い。

**シール課題**＝同色同形のシールでマークされたホールドによって示されたルート。

**色課題**＝同色のホールドで作られたルート。

## 言葉の定義？「開拓クライマー」

クライマーにはいろんな人種があるらしい。アルパインクライマーやボルダラーという分け方があるが、近年ではゲレンデクライマーというのが死語になり、多くの種類が生まれてもいる。コンペクライマー（競技会志向クライマー）、マッター（マットを持って徘徊するボルダラー）、カチラー（カチ系ホールドが得意なクライマー）などである。

開拓クライマーというのは新しいルートの開拓を主な活動とするクライマーで、彼らなくしては、自然のルートの誕生はあり得ない。かくいう私もこれまで200本くらい開拓してきたので、開拓クライマーの末席を濁している存在であると自負してきた。

しかし、あるとき北山真氏に「東君は自分を開拓クライマーだと思ってるの？　君はそうじゃないよ」と言われショックだった。なんでも氏の言うことには、開拓クライマーには、作ったルートの数ではなく、そのクライマーの醸し出すイメージもあるらしいのだ。そんななかでルートセッターとしてのイメージが定着している私は、何本作っても開拓クライマーになれないとのこと。さらに氏は「開拓クライマーってそんなにいいイメージじゃないよ。言い換えれば汚れ役というか、はみ出し者といった感じすらあるものさ」とのたまう。いわば退廃的な芸術家タイプが相応するのか、そういえばK分氏やK林氏もそのような印象がなきにしもあらず……。K村S介も、なんか胸を患った明治時代の作家のようだし……。しかし窓辺に腰掛けてタバコを吹き出しながら、自分を卑下したような定義を言う北山氏の背中に一種の憧憬を抱いた私は、いつか開拓クライマーに、という願いを捨てきれないでいる。

## 自然の岩場では

さて自然の岩場へ行くクライマーには、その岩場を創造した開拓クライマーと、その後で既製ルートを登る一般クライマーがいるが、両者の間に岩場に対するメンタリティの差を感じることが多い。前者は、その岩場や他人の作ったエリアでも、その場でできるメンテナンス（ボルトの増し締めやエリアの草刈りといったこと）を自発的に行なっている。対して既製ルートをたどるクライマーはクライミングジムなどと同様に、すでに存在する与えられたものを登っているという考え方が強い。確かにジムでは、室内の清掃やホールドの増し締め、クイックドローの点検といったメンテナンスは、入場料を徴収しているジム側の仕事である。一方、自然の岩場では、管理者は存在せず、開拓者に未来永劫のメンテナンスを課すというのは無理がある。

また、開拓者がボルトの位置や耐久性、ルートの掃除や道普請など後の利用者の利便性を十分に考えて対処しているのに比べ、一般利用者は、ただクライミングジムと同様な考えで岩場を訪れてはいないだろうか。開拓者は好きで作ったのだからと言わず、その仕事のおかげでルートがあるのだという意識を持ち、せめてボルトの増し締め（常に小型のレンチを携帯して）や、ルート中に生えかけた草の抜き取りなどを行なっていただきたい。

## 迷アドバイス

さて、クライミング用語というのは迷うほどあるが、初めてクライミングを経験する人は、クライミング中の指示すら、パニックでほとんど聞けていない。体験クライミングでインストラクションしていると、体験者の方から「次はどちらの手ですか？」とよく聞かれる。「右手ですよ！　右」などとアドバイスするが、ある日、「右手ってどっちですか？」と聞いてくるやつがいた。いい大人がだ。とりあえずこういう場合は常套句を叫ぶ。「お箸を持つほうだよ」

しかし、このケースは少し複雑だった。東京の「T〇ォール」でのこと。初心者にこう聞かれた。「次はどっちですか？」「右足だよ」と答えた。途端にそいつはこう言った。「右足ってどっちですか？」。私は少しもたじろがず、「風呂に入るほうの足だよ」と言い放った。

すると後ろで聞いていたジムのオーナーが「東さん、風呂はどちらの足からでも入るんじゃないですか」と言いながら寄ってきた。「違うよ、テ〇ゴ〇。風呂は、熱すぎたり冷たすぎたりしたら、すぐ足を引っ込められるように利き足から入るんだよ。サッカーでも右利きの人は左足で支えて右足で蹴るもんね」などと言うと「ええっ？　そうかなあ？」と譲らない。ところで件のクライマー、われわれの結論が出るまで力がもたなかったらしい。熱論の末に振り返ると、すでに彼は消えていた。

フル装備で開拓

# 車とクライマー

**クライミングに行くときの手段は？**
**クライミングジムなら電車でも可能だけれど、**
**岩場は自動車を利用することが多いだろう。**
**そんなわけで、今回はクライマーと車の話。**

## クライマーはスピード狂？

クライマーの能力とドライビングテクニックには関係があるのだろうか。以前、北山真氏が宝塚市のわが家を訪ねてくるとき、途中から「今、岡山市だ」という電話が入った。まあ2時間後くらいには着くかな？と思っていたら、1時間半もたたないうちに到着した。しかもワンボックスカーでだ。北山氏は飛ばし屋ではないのでおかしいなと思っていたら、運転手は飯山健治と杉野保だったという。「あっ、どうりで！」。そういえば、当時世界最難ルートを記録したウォルフガング・ギュリッヒ（独）や、世界チャンピオンを嘱望されていたフェビアン・マジェ（仏）は、交通事故で天国に昇っていった。噂ではスピード狂だったという。

昔、関西のクライマーが奈良の柏木に足しげく通っていたころは壮絶だった。クライミングが？いやいや運転がだよ。毎週末のクライミングの帰途、車10台くらいが連なって大阪方面へ走っていくのだが、信号で止まった際、メンバー以外の車が間に入ってきても、ハードな追い越しで、すぐ車列を編成し直す。水越峠のワインディングロードでは、先行車が他車をインから刺して抜くと後続車が次々とそれに続き、他車をアウトにふくらませて止めてしまう。そんな状態が大阪平野に下りるまで続くのだ。

仲間たちは運転中、10mもランナウトしたような真剣な面持ちで、当然、右足は車の底が抜けるほどアクセルペダルを踏み込んでいる。このチキチキマシン猛レースのようなバカ騒ぎは、誰かの事故で悲惨な結末を迎えるかと思ったが、運がいいのか、運転技術が優れているのか、幸いにして何のトラブルもないうちに終了した。

クライマーがスピードマニアなのか、ドライビングとクライミングに相通じるものがあるのか定かではないが、F1ドライバーの半分はサブトレーニングとしてクライミングを行なっているというし、F1ドライバー養成コースではクライミングが必須課題にもなっているらしい。現在F1でポイントリーダーであるルノーチームのアロンソやフィジケラも、冬季のトレーニングにクライミングをしている写真が専門誌に掲載されていたし、なかには、毎日2時間もクライミングしていると雑誌のインタビューに答えていたＦ１ドライバーもいるくらいだ（おいおい、一般のクライマーより多いんじゃないか？）。それに日本でも、片山右京氏は、登山はもちろんだがクライミング好きであることもよく知られている話である。

またヘミングウェイは「真のスポーツはクライミングとカーレースと闘牛士以外にない」とまで言った。これらは失敗すれば死につながるかららしい。頑強な支点が打たれたシングルピッチクライミングでは、もはや命を賭したクライミングは消え失せたから、次にクライマーがカーレースもどきに魅せられるのも必然というものか（ただしスピードは自重し、無謀な運転は絶対にしないように）。

## クライマーに向いた車種

クライミングしに行くためにはどのような車種がいいのだろう？　目的地に早く着くためには足回りのいい乗用車タイプがいいだろうし、もっと速く行くにはスポーツカータイプに分がありそうだ。ただし、林道など悪路を行くためには４ＷＤやアウトドア仕様の車のほうがいいに決まっている。

しかし、アプローチ以外に現地での居住性を考えた場合、ワゴンタイプやワンボックスカーに軍配が上がる。なにしろこちらはテント代わりに使用できるからだ。夜中に目的地に着いたときや高速道路のパーキングで仮眠するとき、キャンプ場が整備されていない岩場へ行くときなど抜群に調子がいい。ツアークライマーや開拓クライマーには至便だろう。

筆者も、このタイプで天井にポップアップ式のテントが付いた車に乗っている。ただし、快適と思っていた天井テントは、パーキングではトラックのエンジン音がやかましくて使いものにならない。またワンボックスカーでも床下にエンジンのあるタイプは、エンジンを止めても余熱で車内が高温になるので、夏場はクーラーをかけていないと汗だくになって眠れないなど、実際に使ってみると省みることが多々あり、車種選択には悩みが多い。

さらに進歩させてキャンピングカーはどうだ。内藤直也氏や小林英司氏はこれだ。これなら抜群の居住性を誇り、テントよりも快適性が高い。ただし小林氏も、今は乗用車タイプに替えている。なんでも、高速道路の登坂車線ではスピードが出ず、何台もの乗用車に抜かれていた状態が我慢できなかったとのこと（この辺にもクライマーのスピード志向が……。というか、氏はもともとモトレーサーだった）。それに、もし車を1台しか持っていないのなら、近くのコンビニに行くのもキャンピングカーじゃあねえ。

乗りたい車は数々あれど、実用性と経済性の相関から実際に購入する車が決まってしまうのが実情である。

## 新車または中古車

車を購入するのに、どちらがいいだろう？　経済的な問題がないなら当然、新車のほうが気持ちいい。ただし悪路や、枝が覆いかぶさった山道を行くとき、気が気でない。ボディに気を使いながら腰の引けた運転をするのなら、「少々のキズなんかへっちゃら！」くらいの年季の入った車のほうが走りやすい。

昔、新車に乗ってアイスクライミングに行ったとき、「寒い、寒い」と言いながらアイゼンを履いたまま車に乗ってきたメンバーたちがいたが、そんな不届き者がパートナーであっても気兼ねしないくらいの使い込みがあれば気も楽だ。

したがって、開拓クライマーや、林道を攻めたい（緩めに攻めてね）クライマーなら、ユーズドカーのほうが使い勝手がいい。パタゴニアの高価なジャケットが岩角に引っかかったら思わずムーブを止めるけど、気を使わない服ならガンガン突っ込めるのと似てるかな。ただし開拓クライマーでも、國分誠氏のようにセダンの外車を乗り継ぐ紳士もいるらしい。氏は主にガンッとベースキャンプを構えて開拓するタイプだからであろうか。

対して、ツアー開拓クライマーはその場所で放置してもいいような覚悟で車を使用している。林道に突っ込むだけ突っ込んで2㎞ほどバックで帰るとか、採石場の中のガラガラ急傾斜を上っていって、ブレーキを踏んでも重力で車が下がるというバカげた場所の偵察が常だから。

ところで、車のフロントガードから懸垂下降して岩を見に行くこともときどきあったけど、そんなことをするときは絶対にキーを抜いておいたほうがいいね。まさか下に人がぶら下がっていると は思わずに車を動かされたら大変だから（!?）。

車の耐用年数はどれくらいだろう？　年間、コンスタントに5万㎞くらい走る私の場合、前に乗っていたデリカは35万㎞まで走ったけれど、メンテナンス費用がバカにならず（最終的に取り換えてないのはハンドルだけ？）、性能的にはよかったがついに乗り換えた。ただし、世の中にはその手の猛者はいるもので、宮崎秀夫氏はいすゞファーゴを40万㎞も乗ったという記録がある。

ちなみに、その辺のクライマーの乗り換え履歴はというと……。

**■北山　真（開拓・編集者）**＝サニークーペ→サニーバネット→デリカ→スペクトロン→ボンゴフレンディと、基本的にはワンボックス派。

**■飯山健治（プロカメラマン）**＝パルサー→シビック→ジムニー→デリカ→インテグラ→エスクード→ランクルと、オン／オフロードの交差が激しい。

**■杉野 保（クライミングスクール）**＝タウンエースバン↓タウンエースワゴン↓ノアと、正統タウンエース派。

**■内藤直也（クライミングジムオーナー）**＝スズキアルト↓ホンダクイント↓シビック↓マークⅡ↓ハイラックスサーフ↓キャンピングカー×２＋ノア。

**■小林英司（社長）**＝スカイラインＧＴＲ↓日産グロリア↓アウディＣＤ１００↓ベンツ３００Ｅ↓レンジローバー、ホンダＮＲ７５０↓トヨエースキャンピングカー↓ピックアップキャンピングカー↓ローバーディフェンダー１１０、１９３９年製ハーレーダビッドソン

**■由佳**＝ホンダＴＬＭ60（トライアル車）

**■筆者**＝タウンエース↓ブルーバードバン↓デリカスペースギア↓ボンゴフレンディ

さらに、有名クライマーの愛車はというと、以下のとおり。

**■小山田 大**＝カローラフィールダー（足回りがいいからかな？）。

**■平山ユージ**＝日産エクストレイル（スポンサードされてるから当然か）。

## 車にはトラブルがつきもの

まあ車に長年乗っていると、誰でも故障やトラブルは何回か経験するだろう。私も走行中に木製

吊り橋の底が抜けかけたり、トランスミッションが壊れて4速だけ（バックもダメ）で滋賀県から長野県までコンペの備品を運んだり、イベントで駐車中の愛車（デリカ／大きなステゴザウルスの絵を描いていた）に付近のおばあさんにゴミ収集車と間違われて生ゴミを投げ込まれたりといった屈辱まで、さまざまに経験している。

最悪のトラブルは車が燃えたアクシデント。走行中にデフレンシャルから異音がするので、停車して下をのぞくと炎が上がっている。とっさの出来事に、消火しようと思わずズボンのファスナーを下ろし、常備式ミニ放水器を取り出して車の下に潜り込んだ。しかし、ナニを炎に差し向けたものの緊張して水が出ない。そのうち脳裏には「下半身露出の変死体、車の下から発見される！」という翌朝の新聞記事が浮かび、思わず身を引く。半狂乱で車内からペットボトルを探し出し、そのおかげで部分的火災だけで難を逃れた。それより激しいのも経験している。小川山からの帰り、オイル漏れでターボファンが摩耗したらしく、オイルが直接シリンダー内に供給される事態になった。キーを切ってもエンジンが止まりにくいという恐ろしい故障である。

アート・モリの森山社長に牽引を頼んだが、牽引用のフックがなかったので、スペアタイヤを固定する鉄パイプにクライミングロープを掛け、エンジンをかけずに引っ張ってもらっていた。エンジンを切るとハンドルが利かない。崖に落ちそうになったので慌ててエンジンをかけると、今度は

5000回転を超えてフル回転。耳をつんざく爆音、車が見えないほどの猛煙、オイルの焦げる悪臭、ありったけの事態にキーを切るが、エンジンは止まらない。車はさらに崖のほうへ。思わずブレーキを踏むと、森山社長は上り坂で重いのかと勘違いし、ぐんぐんアクセルを踏んで引っ張る。タイヤを止めている鉄パイプはロープのテンションに耐えきれず引きちぎれてフロントガラスに突き刺さった。

上下線で交通渋滞が始まり、何事かと付近の住民が窓を開ける。「ヘルプ・ミー」。助けを求める哀れな目でその方向を見ると、住民はビシャリと窓を閉めてしまった。あいつは、2000年前にナザレの男が十字架を背負ってゴルゴダの丘へ向かう途中に、石を投げつけた住民の子孫に間違いない。

エンジンはますます全開状態。「森山さん！　どうしよう⁉」。唯一の味方に声をかけると、その男も「爆発する！」と叫びながら畑の畝の間に身を伏せている。どうするのよ、俺！

入念な（すぎる？）オブザベ

# 絶体絶命

**クライミング歴25年の私は表面上トラブルフリーで来ているが、**
**その裏側にどれほどの「絶体絶命」があったか回顧した。**
**これを読んでいただくと、私の無事故歴が**
**いかに脆弱なバランスのもとに保たれていたか……ああ怖い。**

クライミングは冒険的要素をもつスポーツである。そのためクライミング中、危機的局面に陥る場合も少なくない。冒険にピンチはつきものだ。しかし、一口に冒険といっても山野井夫妻がヒマラヤのギャチュンカンを舞台に命を賭して展開した壮絶な生還劇があれば、ランチタイムのＯＬ同士の会話の中で「口紅の色を変えてみたの、ちょっと冒険！」というものまで、さまざまである。私の行なっているクライミングがどれほど冒険的なのか……それはさておき、わが奇妙なる冒険譚を披露したい。

## チャイナ・ゲーム

1999年のアジア選手権は、中国・西安の東部に位置する崋山で行なわれた。崋山は数百メートル級の花崗岩峰が林立する山域である。私と一緒にルートセットに行った飯山健治は、その未踏岩峰の初登を狙って意気込んでおり、私をそのパートナーにと光栄なる招待を受けた。果たして、ツアーの前菜（？）となるアジア大会の最終競技が午前中に終了すると、そそくさとギアを詰め込み、目的地の取付まで登っていった。

読者諸氏に警鐘を鳴らしたい。限界までふくれ上がった風船のように、モチベーションではちきれそうなやつと安易な根性でつきあっちゃならねえと。1ピッチ目30m、飯山リード、80度のスラブを10mくらいノーピンで進み、グサグサの下向きフレークにトリプルをひとつ取るとさらにランナウトし、ずんずん高度を上げていく。「ゲッ！　なんちゅうクライミングをするんだよ！」と、おったまげた。たまげるという漢字は「魂消る」と書くんだとこのとき実感したね。

2ピッチ目は弱点がないらしく、10mおきにジャンピングで頼りないボルトを埋めていく。それにしてもランナウトが激しい。さらに、にわか雨が降ってきて危機的状況に追い打ちをかけるが、飯山はそれでもひるむことなくスラブをスラスラとはい上がっていく。なんとも恐ろしいくらいの根性である。わたしゃもう、後ろ姿を拝んでいるのかビレイしているのかわからないような姿勢で両手を合わせていたね。

3ピッチ目、状況的に私がリードすることになる。30mくらいのオフィドゥスだ。クラックの最上部には木が生えていたので、それでビレイすればいいという話になった。持っているものはキャメロット4番をひとつとロングスリング1本だけ。あまりの恐怖感に先を考えず、最初の5mでいきなりプロテクションを取ってしまったから、あとは必然的にノープロとなる。「ご利用は計画的に」というローン会社のCMがもう少し早く放映されていれば、私の首の上に載っかっている球体も、もう少しまともな働きをしたのだが。

ピッチの途中で飯山に「墜落して支点が飛んだらどうするんだよ！」と声をかけたら、もっともらしい答えが返ってきた。「東さん、そのときは一緒にこのスラブを駆け降りよう。最後にジャングルに飛び込めば命だけは助かるから」。しかし、私はもう少し現実的な意見を言った。「下向きに走るって？　あ、足の回転が追いつくかな？」

グレードは5・9くらいだから問題ない。問題は、当然人跡未踏の地なので、直径10㎝くらいのカサブタ状の浮き石が地雷のように点在していることだ。そんなものに乗ってしまおうものなら、体はあっという間に虚空へダイビングとなる。それに途中でクラックは二股に分かれて曲がっていて、どちらのクラックの上部に木が生えているのかわからなくなった。「右？　左？」。もし間違ったら、この恐ろしいクラックをたっぷり10mはクライムダウンだ……。意を決して右を選ぶ。オフィドゥスのクライミングは単純な動作の繰り返しだ。左右の手とお尻、それから両足を芋虫みたいに順番に動かせばいい。ただし、このときは片手が使えなかった。恐怖のあまりノドから飛び出しそうな心臓を押し込み続けるために使っていたからね（?）。かくして、たどり着いたテラスにセカンドの飯山を迎え入れたとき、当然ねぎらいの言葉を期待したが、モチベーションの権化から発せられた言葉は次のセリフだった。「遅いよ、東さん！」

## フリーフォールⅠ／インドネシア

インドネシアで行なわれたアジア選手権男子準決勝ルートの上部バルジにガバを付けた。その箇所ではロープの流れを考え、クイックドローはロングスリングで対応していた。しかしロープを引き抜いたあと、しばしば長めのクイックドローがガバに引っかかったので、そのたびにクライミングウォール側面の鉄骨を空身で登って直していた。

忘れもしない3回目のトラブルのときも、「あのいまいましいスリングめ！」と毒づきながら、フリーソロでグイグイと壁側面の鉄骨を登っていた。その間、試合は中断している。観客は数千人、ルートセッターとしては、いいルートを作る責務と同程度に、会場の雰囲気を盛り上げる役目もある（と心得ている）。慣れきった行為のなか、ショーマン精神を出して、ひょいと次の鉄骨に両手ランジをかました。地上10m強の場所でだ。

もし読者諸君が同じような状況に出くわしたら、こう言いたい。「熱帯の日中に作業した箇所を信じちゃいけねぇ。悪気がなくとも、40℃を超える熱気じゃケアレスミスは勘定のうちだ」と。ただその箇所は、私にとって最悪の特異点となることに……。

その鉄骨、仮置きしているだけで留めてはいなかったらしい。なんの抵抗もないまま、両手で鉄骨をつかんだまま空中遊泳。観客から悲鳴とも歓声ともつかない声が鯨波のようにわき上がる。無我夢中で、あとのことは正確には覚えていない。くだんの鉄骨をパッと放して、墜落しながら下方の鉄骨にぶら下がって事なきを得た。初めて恐怖を感じたのは、数千人の見開かれた目がすべて私のほうに向いていたとき。褐色の肌の観客席が、白目のために一瞬真っ白に見えたくらいだ。

## フリーフォールII／J岩

四国のJ岩を開拓していた。ミゾレの日だった。岩壁近くに椎の木があり、目標とするルートには邪魔だった。株から切り倒したいくらいだったが、その労力を考えて、幹の中ほどから切るのがいいと判断した（開拓に熱中するあまり、周りが見えていなかった時代の話です。今ではもちろんしていません）。

かくしてノコギリを手に地上8mくらいのところへ登っていき、両足で木を挟んだ体勢のまま、胸元あたりの位置で木を切っていった。数分後、椎の木はスローモーションのように岩壁の方向へ倒れていった。

しかし次の光景はわが目を疑ったね。葉の茂っている樹冠のほうから倒れていった木が、岩壁に当たり一瞬クニュッと転倒のショックを吸収したあと、今度は枝のたわみの反発で、切り口側を頭にしてロケットみたいにこちら側へまっすぐ飛んできたのだ。

あれよあれよのうちに、両足だけで木にしがみついている私の胸に木の切り口がヒットした。なにしろ両手はフリーなもので、そんな衝撃には耐えられるわけがない。あっという間に、バックドロップのように後ろ向きに吹っ飛ばされた。下は岩だらけの斜面、その下は河原、落ちたら無事じゃ済まない。倒れながら両手をバタバタさせていると、一本のしっかりした葛に触れた。溺れる者はワニでもつかむ（?）。必死でそれにぶら下がり、墜落を免れた。

## 取付にて

人間てのは、なにかの機会に過去の過ちを思い出し、身をすくめてしまう瞬間がある。私のそれは、クライミングシューズを履くときである。特に「グレードがブランド名の靴」のかかとに2本付いている「ストラップ」に両手の人さし指を入れた瞬間、背筋が冷たくなる思いがする。

H来の岩場に行ったときのことだ。久しぶりに行った場所だったからか、私が登ろうとすると「おーい、○○が登るぞ!」という声がし、しばらくして人が集まりだした。

まあ見せるものではないが、断るもんでもない。私は大勢の面前、神妙な顔つきで準備し始めた。片方のシューズを履こうと、かかとに2本付いているストラップに左右の人さし指を入れ、引っ張ろうとした瞬間だった。座る場所が悪かった。岩場直下の斜めになったスラブで谷側に向かって履いていたのだ。

突然バランスを崩して、頭から前方の斜面に向けて転倒しそうになったのだ。とっさに手をついて防ごうとしたが、両手人さし指と片足のかかとはちょうど縛られたような体勢である。わが観客の見守るなか、私は、なすすべなくスラブで前転を繰り返しながら転がり落ち、さらに坂になった樹林帯を転がっていった。

## その曲はやめろ!

絶体絶命な瞬間はクライミングをしていないときでもやってくると知ったのは、あの事件からだ。宮城国体クライミング競技の会場で実況放送をやっていた。ノリのいいサウンドは、選手のパフォーマンスを向上させ、場内の雰囲気をぐっと競技に引きつけるのに非常に大切な要素だ。したがってアップテンポの曲を選んで流すことになる。

大阪代表チームのときである。チームには竹田拓也という、全国大会でも数回優勝している有力選手がいた。「さあいよいよ優勝候補チームの登場です」と実況は試合のクライマックスを演出する。ムードは最高潮。そのとき、ミキサー担当者が慌てて駆け寄ってきて「すみません！ 曲が切れそうです。次、何をかけましょ？」と聞いてくるから「この流れを切るんじゃない！ なんでもいいからアップテンポのをかけてください」と答えた。かくして優勝候補が場内に現れると、次なる曲が流れた。「♪チャッチャチャチャッチャ、チャッチャチャチャッチャ、ウ～・マンボ！」いくらアップテンポを要請したからって、マンボはないだろ？ 私は思わずプレーヤーに飛びついた。

## 言い訳無用

自然の岩へルート開拓ツアーに行ったときのこと。岩にボルト穴を開けるためにはハンマードリルが必需品だが、ツアー中ともなると毎夜、充電できる場所を探してウロつくことになる。基本的には食堂や銭湯に頼んで充電させてもらうが、開拓地が奥地の場合、なかなか適当な場所が見つからないことがある。ご同輩のなかには、自動販売機や工事用ランプの電源から取得する荒業師もいると聞くが……。

さてK県の開拓ツアーのときも充電場所が見つからず、界隈をウロついていると、農協の車庫みたいな建物があった。時間は12月31日の午後9時ごろ。充電器片手に中へ入ると、そこはいろんな商品を入れたダンボール箱が積み上げられていた。「コンセントは奥のほうかなぁ？」とうかがっていると、不意に背後で物音がする。すかさず、ダンボール箱が積み上げられた奥に飛び込んで隠れた私。

物音の主は「おかしいな、この辺に酒があったのになー」と問わず語りの独り言。察するに、年越し宴会の最中に酒が切れたので農協へ取りに来たらしい。酔っ払っているせいか動作は鈍いものの、暗がりのなか、片っ端からダンボール箱を調べながら近づいてくる。

まさかこんな場所でこんな時間に「えへへ、充電させてもらってます」と言い訳して通じるような場面じゃない。100％の確信をもって商品泥棒と思われるにちがいない。宝島のジム少年がリンゴ樽の中に隠れて、海賊たちの話を聞いているシチュエーションに似ているかどうかは不明。ただ絶体絶命の状況はオーバーラップする。彼は、すぐ目の前のダンボール箱の山も崩しにかかってきた。どうするのよオレ？

最後の2例はクライミング中の危険ではないが、クライミングに関わる生活のなかで危機的場面として特筆に値すると思い、列挙した。
冒険には危険がつきもの。リスクのない冒険は、塩なしでゆで卵を食べるようなものだ。三途の川の向こうに足を延ばしそうなリスクは回避したいが、危険をうまくコントロールしつつ、さあ冒険に行こう。

インドネシアの選手(?)との記念撮影

# 絶体絶命2

クライミングをさまざまな側面から考察する（はずの）このコーナー。

前回の「絶体絶命」ではかなり脱線してしまった。

ところが編集部の話では、読者ハガキなどを読むとこれまででいちばん受けがいいという。まあ、他人の不幸は蜜の味ということなのであろう。おもしろければそれでいいのか！

というわけで、もう一度だけ脱線してしまおう。

## マルチピッチの開拓

何をやってもついていない日、というものがあるんだろうよ。そんな日は早めに切り上げてしまうのが一番だが、わざわざ出張ってきて、となると、なかなかその踏ん切りがつかないものだ。Tシャク峡での開拓のとき。マルチピッチの開拓だったので、岩場の頂上へ6本のロープを、重さに辟易しながら、なんとか担ぎ上げた。

懸垂下降でラインの偵察を行ない、めぼしいルートに取りかかった。深山の静寂のなかで、ひとり開拓に精を出すのもまた一興。しかし、その幸せな時間も長くは続かなかった。間もなく眼下の湖に一匹の竜が現れた。ギョッとして目を凝らすと、それは竜の形をした遊覧船だった。確か湖の名前は「神竜湖」、だから竜型の遊覧船かと納得していると、その遊覧船から観光アナウンスが聞こえてきた。

「あちらに見えますのが太郎岩で、高さ200m……」

観光客の大半はこちらを見ることになる。

「あっ！　岩に誰かいる！」「動かないよ！　死んでるんじゃない⁉」と、観光客たちは私を見て口々に叫んでいる。

「ルート開拓だから、そう派手に動き回るもんじゃないだろう」と心の中で返事する私。さらに観光客たちは「死んでるよ。連絡しなきゃ」と騒いでいる。

「おいおい、勝手に人を殺すなよ。だけど通報でもされた日にゃ大ごとになる」と思い、仕方なしに手を振る。「生きてますよ〜」

その反応に、観光客たちも手を振り返してきたりして……。こんなことに時間を割かれたくないんだよ、こちらは。

ところが事態はさらにややこしくなる。件の遊覧船は30分ごとにやってくる。観光客たちは同様に私を見つけ、同じように「死んでる！」を繰り返す。そんなんだから、こちらもその時間には手を振り続けるのであった。

それから数刻後、別のゲストが現れた。「そこで何をやってるのですか〜!?」と、対岸から問いかけてくる人がいた。「こんなところを散歩しているやつもいないだろうよ」と毒づきながら「クライミングです！」と叫んで「おたくはどなたですか〜?」と問いかけた。

「そこの駐在の者です！岩を削っているという通報があったもので」と答えてくる。「(お、おまわりさんかよ?) そこへ行って説明しますから、ちょっと待っててください」と声をかけて、「せっかくマルチで懸垂してきたのに、またユマールかよ」と上がっていった。

ひとしきり説明して許しを得、再び懸垂下降で途中のテラスに降りた。そしてザックを下ろした拍子、ヌンチャクが1本こぼれ落ちた。あっと思い、とっさにヌンチャクをつかむと、開拓道具で満杯のザックが反対側からそのまま数百メートルの岩場を落下していった。それには財布も車のキーもすべて入っている。弁当もだ。すべてをなくした手には、しっかりとヌンチャクを握っている。

ヌンチャク1本のためにザックをすべて犠牲にしたのだ。なんたる不覚。とりあえず岩場を下まで下降して基部の渓谷まで降りると、ザックはさらに深い淵の中に沈んでいた。岩登りに来て水泳とはな。パンツ一丁になって淵に潜り、ロープをザックに結わえて引き上げてみた。案の定、充電式ドリルのバッテリーは放電してしまってピクリとも動かない。まだ数本しか打ってないが万事休す、今日は撤退としよう。それにこんな渕など金輪際ごめんだよ。しかし、この日のクライマックスはこれからだった。

濡れた体をいち早く温めたかったので、曲がりくねった登山道を使わず、ダムの放水口を伝ってダム湖の上部に出ようと試みた。放水口は最初、岩を削った4級くらいのスラブが20mくらい、その上にコンクリートの急斜面がさらに20mくらいあった。岩場のほうは難なく通過できたが、コンクリートの斜面は問題であった。なにしろ、アプローチシューズに、濡れたザックを背負っているといういでたちである。それでもコンクリートの表面に露出した礫をたどりながら、果敢にフリーソロしていった。傾斜は上へ行くほど強くなり、あと1mで放水口の上部に手が掛かるというところで完全に行き詰まってしまった。

あと2手進んで最後にランジすればなんとかなるか？　しかし、後ろを振り返れば40mのスラブが待ち受けている。「失敗すればあそこを滑落していくのかよ。そして再びあの渕にダイブだ。今度はギタギタになって激しく落ちるんだろうな」と思うと最後のランジに踏み切れない。それから決死のクライムダウンを始めた。あの渕まで。

## 八ヶ岳のホテルで

渓谷といえば……。以前、オリンピック選手や国内の著名なアスリートたちを集めて行なうアドベンチャーレースのコースディレクターをやっていたことがある。その日はクライミングとキャニオニングの日だった。自然の中を激しく動き回る種目なので、競技を終えて宿舎となるホテルに引き上げてきたころには汗と泥まみれだった。宿舎は、今まで泊まったことがないくらい立派なホテル付きのコテージだ。「ヒデキ、今日は君がいちばん活躍したから、君からシャワーに入れよ」。同じレースディレクターでアウトドアタレントの木村東吉が言ってくれた。

私はコンタクトレンズ着用者なので、シャワーなどではレンズを流さないよう目を閉じて、もしくは薄目を開けて対応している。シャワーのあと、手探りでタオルを探した。あまりに急いで浴びに入ったので、タオルの準備をしていなかったのだ。

薄目をあけて付近を探ると、それらしいものがあった。まず頭と顔を拭いたが、すこぶる吸い取りがいい。「やっぱり高級ホテルのタオルは違うのぉ」っと感心していると、そのタオルに穴が開いていることに気がついた。「なぜ?」と素朴な疑問。よく見ると、吸い取りがいいのは材質がいいからではなく、そのタオルが相当よれているからだった。それに客室用タオルにしては少し汚れている。すべてが判明するのに時間はかからなかった。それはタオルではなく、掃除の人が部屋続きのトイレの床をふいたまま忘れていった使い古しのタオル（雑巾）だった！

## H野のトイレにて

トイレといえば……。H野のクライミングウォールヘルートセットに行ったとき。集合は翌朝だったが、余裕をもって前日の夜に会場へ着いた。とりあえずトイレにと、個室へ向かった。時間はおそらく午後10時数分前だったのであろう。個室で用事中、突然照明が消えた。初め事態がのみ込めなかったが、タイマー式消灯システムだったのだ。きっちり正時に消えたのだから。

さあ、そこからが大変である。まさか途中で消灯されるとは知らずに建物内に入ったものだから、当然オブザベーションは行なっておらず、出口はおろか右も左もわからない。そこは山の中で、自分の手のひらも見えないくらい、漆黒の暗闇だった。

さて脱出である。無闇（闇だが）に歩き回るより、壁を伝っていけばいつか出口にたどり着くと考えた。つまずかないよう足をソロソロと、手は壁をさすりながら歩いていくと、四角い陶器の枠らしいものに行き当たった。「これは洗面台だな？　とすると出口は近いか」と思いながらさらに手探り。しかし、その枠は下方に長く延びている。「やけに縦長な洗面台だなー？」と思いながらさらに伝っていくと、恐ろしい事態に気がついた。それは洗面台ではなく、男子用の小便器だった。それを素手でさすりまくっていたのだ。

「ノォー！」

判別した瞬間、手を離したが、もう遅い。出口までにトライしなければいけないことが確実に増えた。手を洗うために今度こそ本物の洗面台を見つけなければ……。

## 伊豆のキャンプ場にて

暗闇といえば……。国内では最高難度のアドベンチャーレースが毎年、伊豆半島で行なわれていた。そのクライミングセクションのコースセットと運営は私が担当していた。レースは3日間ほど続くため、レース中は当然、キャンプとなる。

キャンプ場は深い山の中で、夜は真っ暗闇であった。本部キャビンでのミーティングを終えてテントに戻ろうとしたとき、暗闇に一痕、ボヤッと青白い光が浮かんでいた。何げに目をやると、それは若い女性の首であった。「う、嘘だろ？」。しかしどんなに目を凝らしても、その暗闇に浮かんだ顔は表情が変わらないまま、うつむき加減にたたずんでいた。

その場から立ち去らなかったのは、度胸があったというより、腰が抜けていたのかもしれない。下半身の蛇口はしっかり閉まっていたのか？　正直言うと少しばかりチビっていたりして……。

しかし謎はやがて解けた。それはただ単に、暗闇で携帯のメールしていた女性だったのだ。彼女は黒いTシャツを着ていた。さらに、少しばかりファンデーションがきつかったのだろう。メールは確かに、携帯の青白い画面で自分の顔を照らすような姿勢になるのだから、本人には悪気はないが、こっちはもう少しでショック死するところだった。もし死んでいたら、今度はこっちが本物になって脅かしてやるか？

## A木ヶ原にて

怖い話といえば……。『Tーザン』という雑誌で冒険レースを手伝ったことがある。A木ヶ原の樹海が舞台の「ジャングルアイス」というレースだった。樹海を走り、湖でカヌーをこぎ、風穴でケイビングするという構成だ。私は風穴担当で、坑口から懸垂下降した選手はヘッドライトの明かりを頼りに氷柱の点在する洞穴の中を100mばかり進んで、チェックポイント代わりの点滅ライトを探し当てて戻ってくるというセクションであった。

レースが終了し、最後に私が単独でチェックポイント用のライトの回収に行く役になった。季節は夏であった。だからTシャツだけを着ていた。レースの途中、にわか雨が降ってシャツはびしょ濡れになったが、別段、気にしていなかった。しょせん夏の日中だ。

しかし、洞窟の中に懸垂下降して驚いた。そこは氷柱があるくらいなので、気温は零度以下だったのだ。その気温のなかに濡れた服で突入するのは無謀ともいえたが、どうせ数分で終わるだろう。

が、事態は急変した。なんと命綱のヘッドランプが急に消えたのだ。さっきの雨にやられたのか。あたりは完全な真っ暗闇、そして洞窟内には横穴や竪穴が無尽にあり、迷路のようになっている。最初は側壁伝いに進んでいたが、それではすぐに横穴に迷い込むことに気がついた。また、一歩先には深い竪穴が待っているかもしれないのだ。

撤退することも考えた。しかし洞穴を登り返して樹海を走り、レースの本部まで行って引き返すと、たっぷり1時間はかかってしまう。それなら、洞窟内のチェックポイントまでたどり着けば点滅灯があるので、それを頼りに戻るほうが早くすむと考えた。多少のリスクより、時間短縮は大きな魅力。やはり敢行だ。

零下の暗闇の迷路を濡れたまま彷徨するのはなかなかの冒険であったが、それより自殺行為に近かった(まあ自殺行為に最もふさわしい場所だろうけど)。「選手たちよりよっぽど冒険〜!」と喜んでいる場合ではない。真夏に凍死じゃ、いいとこスポーツ新聞ネタだ。生まれてきてあんなに必死で探し物をしたことがあっただろうか? そして暗闇のなかで点滅灯を見つけたときの安堵感といったら、嵐の海で灯台を見つけた船乗りと同じ気分であった。

そういえば、韓国のルートセッターのキムに言わせれば、生涯で一番の寒さは熱帯のタイで味わったらしい。バンコクからプラナンへ行く深夜バスの中だったと言っていた。なんでも凶暴な寒さの冷房で、Tシャツの彼は窓のカーテンを引きはがして身にまとい、ひと晩震えていたらしい。今度、人に聞かれたら「生涯でいちばん寒かったのは8月の山梨だった」と言ってみるか。

上／ルート開拓作業中　下／ガーデニング作業中
いずれにせよ休日も作業中

# モチベーション

クライミングでいちばん必要なものは何だろう。
シューズ？　マット？　ロープ？　確かにそれらは必要だ。
でも、それ以上に大切なのはモチベーションだろう。
アメリカでも、事を成すのに対して
「それすべてモチベーション次第」という言葉があるくらいだから。

## 世界のトッププレーヤーの境遇

世界のトッププレーヤーたちはすべて、若いころから境遇がよかったわけではない。むしろその逆の場合が多い。サッカーのロナウドは若いころ、プロテストに行くためのバス代すらなかったという。サッカー界の至宝ロナウジーニョも、子供のころは極貧だったらしい。ブラジルから帰化した日本代表の呂比須ワグナーも、４年に一度のワールドカップのときにしかコーラを買えないような貧しい家庭だった。うれしそうにコーラを飲む彼に、兄は自分の分もくれたという。

先ごろＦ１を引退したシューマッハも決して裕福な家庭ではなかった。母親は彼のカートレースの出場費を稼ぐためにバイトに行き、彼はリッチなチームが捨てた部品を拾ってきて自分のレースカーに組み込んでいたということだ。

テニスのシャラポワも決して恵まれたスタートではなかった。ロシアでナブラチロワに見いだされてアメリカ行きをすすめられたが、アメリカに移住したとき、彼女の父親の財産は7万円だったらしい。

さてクライミングである。トップクライマーたちの逸話を紹介しよう。

## 小山田大

彼のクライミングへの思いは、小学校の図書室で見た本の裏表紙にクライマーの写真が載っていたことに端を発する。それ以来あこがれ続けていたが、なにぶん鹿児島の片田舎では、その道の情報や知人は皆無だった。中学生のある日、自宅から2時間離れた峠に自転車で上っていったところ、見知らぬクライマーに出会った。そのあとをつけていくと岩場があった。彼はそのクライマーにトップロープで登らせてもらうと、途端にクライミングの虜になった。

その後、クライミングできるチャンスを求めて、家から片道2時間の岩場でクライマーを待つようになった。クライマーが来ないときはそのまま帰るしかなかった。必ず登れるという保証もないのに、険しい道を往復4時間かけて待機しに行く若き日の情熱の延長に、今の強さが存在する。

## 平山ユージ

平山ユージがクライミングを始めたのは高1のとき。そのころはまだジムも人工壁もなく、自然の岩を登るしかなかった。だから必然的に、練習は週1になる。しかしそんなに待てるわけがない。

その時代、各地の精鋭的なクライマーは近くの石垣を登ってトレーニングしていた。東京なら常盤橋、大阪なら大阪城。ユージはそのなかでも人一倍熱心に常盤橋に通い詰めた。放課後は毎日1時間半ほど石垣トラバースをしてからバイトに行った。夜10時半くらいに自宅に帰ってからも100～200回の懸垂をこなしていた。そのころの信条は「1日休むと2日後退する」だったらしい。課題を登るのと違って、トラバースも懸垂も単純で楽しみがいのないトレーニングである。それでも、とにかく勉学バイト以外の時間はすべてクライミングに費やしたのだ。

ユージは学生のころ、日本のクライマーたちと、クライミング先進国のフランスへ行った。いくら好きでも、毎日毎日クライミングに明け暮れれば日本が恋しくなる。ほとんどのクライマーは数カ月もすると「モチ切れ」といった状態になったらしい。ただユージだけは旺盛に登り続け、「ここに住みたい！」とさえ言っていた。そしてその気持ちは本物だった。

その後、学業を中断して10代にして単身フランスでのクライミング生活を始め、世界チャンピオンまで上り詰めたのである。言葉も通じない外国にひとり滞在することを選んだ少年のモチベーションの大きさは測り知れない。

## 小澤信太

彼が育った近辺にクライミング施設はなかった。近年の若手実力派クライマーは小・中学生からすでにクライミングを開始しているが、彼の場合は高校に入ってからだった。しかしその後、国内で最も早く上達していき、全国大会での優勝も経験した。それには、恐ろしいほどの入れ込みと集中したトレーニングがあったのだ。

小澤がクライミングを始めてまだ半年くらいのころ、城ヶ崎に行ったときの話である。登りたい意識が強すぎて、極度な緊張状態であったため、朝めしも食えずに登り込んでいた。あるルートに挑んだとき、しゃリバテで低血糖状態だったにもかかわらず、1時間くらいハングドッグでムーブ探りに熱中していた。そのため突然意識が吹っ飛び、ロープにぶら下がったまま気絶してしまった。ようやく気がついたのは夕方だったらしい。クライミング中に気絶するまで攻め込める人間も希有である。

またあるときなど、2時間しかクライミングする時間がなかったので、ビレイヤーを取っ替え引っ替えして5・12台を18本、まったく休みなく登り続けたこともあったらしい。

## 松島暁人

父親がクライマーであったせいもあり、松島がクライミングを始めたのは幼少のころだった。中学時代は一時中断していたものの、高校生になってからは週5日、一日5時間と猛烈にトレーニングした。松島が大いに刺激を受けたのは、ジムにいた山崎岳彦（元日本チャンピオン）で、「近くに偉大なお手本があったのが実力アップに大きく貢献した」と言っている。

コンペルートや岩場でのクライミングも、トレーニングの質の向上や食事内容に変化を与えているらしい。モチベーションの維持として、常に目標とするルートを決め、それに向けてのトレーニングをするともいう。キネマティクス（9ａ／5・14ｄ）に挑む際は、苦手なピンチグリップを1年間徹底的にトレーニングしてルートを克服した。そのおかげで、今はピンチも得意になったと語っている。登りたいルートをめざしてトレーニングしていくことが実力の向上につながる。このことは、クライミングの上達を心がけている人々に大きなインスピレーションを与えてくれそうだ。

## 牛沢敬一

牛沢敬一は日本でコンペが始まったころ、その恐ろしいほどのパワーで上位に位置していた選手であるが、そのトレーニング内容を紹介したい。

一日に、前傾壁のトラバースを40分連続でこなしたあと、大きな漬物石を背負ってロープ登り20往復、そして「山走り」と名づけたランニングを1、2時間といったメニューだったらしい。さらに、自宅と仕事場と夜間大学の間の延べ85㎞を自転車で移動していた。そのため、ついには体重54kgで握力104kgに到達していたというから、すさまじいものである。

そのころのトレーニングの量から「人に負ける気がしなかった」らしいが、「少しでもサボると負けてしまう」という強迫観念にとらわれ、減量とハードなトレーニングのために何度も胃液が逆流したとのことである。そういえば、若いやつに言ったセリフを思い出した。「お前は吐くまでトレーニングしたことがあるか⁉」だ。

いったい、モチベーションはどこから湧いてきて、どのようにすれば維持できるのか。この問いにシューマッハはこう言った。「モチベーションなんて必要なかったさ。僕はレースを愛していたからね」

城ヶ崎・ファミリーのミッキー（5.11d）を初登する牛沢

# お国柄とはいうけれど

世界には多様な民族が住んでいて、さまざまな特徴を呈している。
その国の人にないものという逸話では
「ドイツ人の喜劇役者・アメリカ人の自殺志願者・
イギリス人の音楽家・日本人のプレイボーイ」だって!?
今回は、私の経験した各国でのエピソード。
この話が今後の渡航の参考になるかどうかは不明であるが……。

## 韓国

さて、韓国でのルートセットの話。小さなメキシコ製の頼りない1人乗りリフトで作業していた。高さも10mを超えると小さいゴンドラは前後左右にスイングするから、どうもおしりがムズムズして心地悪い。そこに韓国のセッターが「手伝うよ」と乗ってくる。丁重にお断りしたが、意に介さず鼻歌交じりにセットを始めた。「グ、グレート!」。揺れがひどくなる。まぁ韓国人は怖いもの知らずが多いっていうから、とあきらめて、仕方なく作業を続けた。

そこにフランス人のセッターが「ボンジュール」とさらに乗ってきた。1人乗りのリフトは、高さ12mのところで振り子のように1mはスイングしている。わたしゃ思わず手すりにしがみついて、目をつぶっていた。フランス人曰く「ダブルアックスもパラパントもフランス人が発明した。フランス人はもって生まれた冒険家だ」。そ、その挑戦はこのリフト以外で発揮してほしいね。

しかし、この大会で一番のハイライトは、試合会場に入れないという事態だった。

試合の日、韓国のおばちゃんたちが受付をしていた。いつもどおり館内に入ろうとすると、立ちふさがってIDカードを見せろと言う。1週間も作業していて、そんなものもらったこともない。「ない。ただ私はルートセッターだ」と英語で説明したものの、彼女らに英語は通じなかった。あくまで通してくれない。それでは力ずくだと、アメリカンフットボールのタックルよろしくドアに向かってダッシュ！　すると、3、4人のおばちゃんに引き戻され、体育館の外にたたき出された。あぁ、試合会場に入れるときはくるのか？

## 中国

中国ではいま北京オリンピックを控えているせいか、クライミングの国際大会が盛んで、その競技運営レベルも年々向上している。ただし、クライミングウォールは以前、海外製品のコピーが多かった。海外メーカーのものをそのまま型に使ってコピーしたものもあれば、写真を見てその立体的なレリーフを立体的に見えるよう平面パネルに描いたものまで、さまざまであった。

中国東北部・長春での試合では、ツルツルのFRPパネルに、フランスのP社の模様をマジックで描いていた。ウォールのパターンは、手で押さえられたり足を乗せられたりするから意味があるのだが、それをマジックでだまし絵のように描いて何か意味があるのだろうか？　クライマーはその絵に足を置いた拍子にスリップするしかない。まあ日本人選手には「模様をよく見ろよ。本当によく見ろよ」とは言っておいたが……。帰国してから世界ブラックジョーク集を読んでいると、次のような文があった。「中国ではすべて本物はない。詐欺師以外は」

ここの大会で遭遇した強烈な体験がある。しばしば南方の国では、シャワーは水しか出ないことがあるが、気温が高いので大した問題ではない。この冬の長春の外気温はマイナス20℃くらいであった。それで水しか出ないのは大変？　いや、そのほうがまだマシだった。

ホテルに帰って、服を脱ぎ、シャワーをひねると適温の水が出た。シャンプーを始めるとだんだん熱水になっていき、湯を止めて水をひねっても、沸騰しそうな熱湯しか出なくなった。ブワッ、ブワッと爆発しそうな勢いで噴き出してくる。一瞬、窓から出てマイナス20℃の戸外の雪で頭を拭こうとも思ったが、気を取り直してバスタブに薄く熱湯を張り、過呼吸で倒れそうになりながらフウフウ吹き冷まして、必死の思いでシャンプーを流した。今でも中国のホテルと聞くと、あの日の熱湯地獄を想像してしまう。

## イラン

イスラム圏・イランでのミッションはさらにエキゾチックだ。ある意味、欧米よりさらに異国的である。なにしろ、渡航中の飛行機の中で早くも腰を抜かす。パイロットが操縦席から出てきて、機内にしつらえられた礼拝所の絨毯に座ってお祈りをしているのだ。いくら敬虔な信者といっても、びっくりである。

ただし、国民は非常にフレンドリーでもある。あるとき通行人に郵便局の場所を尋ねると「こっちだ」と案内してくれる。そしてたっぷり500mは一緒に歩いてから「あそこだ。それではフレンド！」といって握手して帰っていった。こんな親切、日本ではないだろ。

イランといえば、イスラム圏で戒律が厳しいという側面もある。あるときスタッフに「コーヒーを飲ませてくれ」と頼むと、途端に手で口をふさがれて「オレを反革命的な人間だと周りに思わせたいのか！」と言う。なんでも、アメリカ文化はNOらしいのだ。アルコールなんかとんでもない話である。ところがコーラはOKらしい。エッ？ コーラはアメリカ的ではなかったっけ？「コーヒールンバ」では、コーヒーを発明したのはアラブのお坊さんではなかったっけ？　謎は深まる。

試合になるともっと厳しく、男子は女子の試合観戦はできないという。ルートセッターの私たちも別室に閉じ込められることになる。仕方なく、壁にコップをつけて戦況をうかがうハメになるのだ。

さらに、街にいる婦人は全身ガウンに覆われているようなスタイルで、かろうじて目だけが見えるといった形だ。ところが1週間もそこにいると、だんだん慣れてくる。それどころか、なにかの拍子にそんな女性の足首が見えるとドキッ！としてしまう。そして「こんな心情で日本に帰ってミニスカートでも見た日には卒倒するかも」と憂うのであった。

しかし、そのイスラムも地球を半周すると、ずいぶん事情が変わってくる。日本に来たインドネシアのコーチと食事をする機会があり、「ビール飲む？」と聞くと断られた。「そうか、君はムスリムだものな。まあ、この国で飲むのなら俺のおごりだけど」と言うと「それならいただく」。「なんだ、君はアッラーの神様より日本の物価のほうが怖いのか？」と聞くと、ウンウンとうなずいた。

## インドネシア

インドネシア本国へ行くと、もっとディープだ。まずジャカルタ市内の交通渋滞は半端じゃない。さらに当地の交通マナーが拍車をかける。少しでも車間距離を空けると、すぐに左右の車が入ってくる。カーブでは、1車線の道幅に2台が突っ込んでいくと、そのインにもう一台が刺してきて、さらにそのインに単車が分け入ってくるといったありさまで、収拾がつかない。しかしギリギリのせめぎ合いのなかでも、不思議と車は進んでいくのである。

そんなお国の急いだ運転ぶりが頼もしく、試合会場へ行くため、開催国のスタッフに「朝、ホテルに迎えに来てくれ」と依頼した。定刻にロビーに下りて玄関前で待っていたが、1時間くらいしても来ない。山岳連盟の本部に電話すると、今から行くと言う。さらに1時間待っても来ないので、タクシーを拾って連盟本部へ行くと、当人は昼寝していた。そして言う。「ああ、もう少ししたら行こうと思ってたんだ」。やはり熱帯時間は存在する。

インドネシアでは、競技会場は野外だった。しばしばスコールが来るため、壁の雑巾がけをしながら連盟役員に「クライミングウォールの上にシートを張ってくれ。雨天対策をしてほしい」と言うと、了解したとのこと。しかし、見かけはなんの対策もなく、数時間後にはまたむなしく雨に濡れる状態であった。「雨天対策はしたのか⁉」と尋ねると「こっちに来てくれ」と呼ばれた。壁のうしろへ行くと、バナナの葉っぱの上に、なにやら食べ物が置いてある。彼は「雨の神様にお願いした。これで大丈夫だ」と自信ありげ。しかし、また数分後にスコールは来た。私は無言で、防水シートをかぶりながら担ぎ上げた。てるてる坊主のように。

# いらないルート開拓

ルート間隔が近い。ボルト間隔が遠い。
岩がもろい。終了点がお粗末。
——あなたはこんな岩場に行きたいですか?

ある日、自宅(兵庫県)近郊の岩場へクライミングに出かけた。最近発表された初めての場所だった。駐車場に着くと先客がいた。「これから行くんですか?」と声をかけると「とんでもない、もう帰るんですよ。東さんもこの岩場はやめたほうがいいですよ」と言われた。なんでも、ボルト位置が悪いうえに浮き石が多く、たいへん危険に感じたとのこと。ところが、やめたほうがいいと言われるとなんだか行ってみたくなるもので、とりあえず登りに行くことにした。ただし「人の忠告には素直に従うもの」、この言葉を今回ほど、思い知らされたことはなかった。

そのエリアにはルートが多かった。岩場の幅からすると通常の倍以上。なにしろ、ルート間隔は横方向へ2mおきにあるくらいだ。ただし、ルートのボルト間隔は遠めで、3mピッチくらいか。要するに、横方向のボルト間隔より、縦方向のほうが長いのだ。ルート数を稼ぎたい意図はわかるが、質は伴っているのか？

スラブルートを1本登ってみた。11aのルートのランナウトした場所に、そのグレードには相当困難なムーブが出てくる。それに岩は少しもろい。このグレードでいっぱいの人にはとても対処できないだろうし、うまいクライマーだって、岩が欠ければ、グラウンドかバンドに叩きつけられるようなフォールが待っている。私はキワモノルートも嫌いではないが、クライミングというより、地雷原を匍匐前進しているようなクラスになると話は別だ。さっきの人の「忠告」が自慢げに胸を張る。

気を取り直して、星の多いルートにトライした。こんな恐ろしいルートを登ったのは久しぶりだった。ルート中間に、ぐらぐら動きそうな三角形のフレークが頼りないバンドに埋まってあった。抜けそうで怖かったから、すかさず上方に急いだ。

映画を観ていると、そっちに行ってはいけないのに行ってしまう主人公にハラハラするシーンがあるだろう。そのとき私はイケナイ主人公になっていた。

その上は、大型冷蔵庫くらいの岩が、そのまま壁に張りついたような形状をしていた。その周囲にはすべてクラックが入っていて、今にも剥離しそうである。どの程度の荷重に耐えられるのか定かではない。問題はそのムーブだ。その岩にできるだけ負荷をかけないようにソロソロと登り始めたが、どうしてもムーブは、その岩を壁から引きはがすように引っ張るレイバックしかない。「オー！　神様、これからはニンジンもきちんと食べますから、どうか岩が離れませんように……」そして、必死で次のボルトにクリップしようとしてさらに驚いた。ボルトは、そのはがれそうな岩塊に打たれていたのだ!!　かといって、こんなもろい箇所をランナウトしていくのも恐ろしい。

読者諸氏には、フリーソロか、首にロープを巻いてクライミングしていくか、どちらかの選択を迫られている様子を想像してほしい。なんとか無我夢中で終了点にたどり着いたが、そこには木に古いロープでカラビナがひとつ掛けてあるだけだった。まあルート内容に伴った支点であるから、首尾一貫している、ブレていない、とも言えようが……。

## 開拓のモラル

ルート開拓は無償の行為であるし、そのルートを再登するクライマーに対して、どの程度まで責任を負わなければならないかは定かではない。ただし、開拓したルートを公表したり、雑誌に発表したりするという行為は、他人を迎え入れることを前提としている。再登者のことを考えず、ただ自分がその岩を登りたいのであれば、自分が登ったあとにボルトを撤去（ハンガーだけでなく、アンカーも）したほうがましだ。

このエリアでよくないと感じたことをまとめると、①ルート間隔が近い、②ボルト間隔が遠い、③岩のもろい部分にルートがある、④終了点がお粗末、である。

日本には岩場が少ないし、その発見やアプローチの整備のことを考えるとどうしても、ルートを密に作りたい気持ちに陥るのはわかる。ただ、隣のルートとホールドを共有できるくらい近いと、ルート自体の存在性や格調が損なわれるだろう。

ボルト間隔が近いのがいいというわけではない。12bのルートにある10b程度の部分なら、5mくらいランナウトしても仕方ないときがあるだろう。当然、そのルートを挑戦するクライマーなら落ちない部分であるから。ただし10bのルートで、10bに近いムーブが出てくる部分をランナウトさせてはいけない。開拓者は問題ない力量でも、そのルートをレッドポイントするのがやっとというクライマーを危険にさらすことになるからだ。ボルト位置はラインの案内に役立ち、クリップのしやすさを考え、岩の強度のある部分に打つというセオリーもあるが、グレードに対応した間隔も必要である。

また、岩のもろい部分にはルートを引かない勇気も大事だ。岩場の空きスペースにルートを作りたい気持ちはわかるが、トレースしてくる者を危険にさらしてまで作る値打ちはないだろう。昔のアルパイン的要素を兼ね備えたクライマーなら、もろい部分の判別や、そんなホールドへの対処方法の心得もあろうが、今は人工壁が一般的な時代である。そんなクライマーの安全を考慮したい。

終了点は基本的に、二重の安全策を講じたものでありたい。スリング1本にカラビナ1枚でも、開拓当初はそれなりの安全が確保できるし、事故になる率は高いとは思えない。ただ、スリングは風化し、カラビナは劣化していく。ひと昔前ならそんな支点でも許されたが、今はリボルトで悪い支点を交換していくことがなされている時代である。新ルートは、すぐ交換対象となるようなお粗末な仕様ではなく、世情に合った強度をもつものを設置すべきである。

## 岩に手を加えてはいけない

ルート開拓には明確なルールは存在しない。あるのはセオリーや道徳観念といった不文律的な束縛である。要するに、どこまで許されるかは自分の判断にかかっているのだ。

例えば「岩に手を加えてはいけない」ということは当然である。特に、岩を削ってホールドを作るチッピング行為はフリークライミングを冒涜することに等しい。ただし、ルート開拓をやったことのない人間が「岩に手を加えない」という理想を描くのは簡単であるが、ルート開拓を何十本もやった人間なら、岩にまったく手を加えないということがどれほど難しいか、という事実に直面した経験も多いと思う。私もこれまで200本くらいのルートを開拓してきたが、まったく掃除のいらないルートは1割程度であった。あとは壁に繁茂しているツタや木を除き、浮き石や泥を除去して登れる壁に仕上げていく行為がつきまとう。

そのなかで、こういう行為の善悪はどう問われるだろうか。石灰岩では、鋭く尖った薄いフレークが多く点在する壁もある。手で持てそうなＣＤケースくらいの厚みで、先端が尖っているホールドがあるとする。開拓のときに折れなくても、再登者がそこに足を乗せたら１００％折れるようなフレークがある場合。①再登者が折るのがわかっていても折らない。それによってグレードが変わるのはしょうがない。②すぐ折れるようなものはルートのグレードを変えてしまうので、事前に除去する。③全部折るのは気が引ける。ただし、再登者に折られないよう先端を整形する。

ルート開拓の経験のないものは①を、経験者は不変的なルートを提供するため、②か③を選択するのではないだろうか。

またこの時代、木を切ってはいけない、というのは誰もが合意することだ。クライミングエリアの開拓でも、基本的には切るべきではない。ただし、その木があるとエリア自体が成立しないような場合もある。

大切なのは、自分の行なおうとしていることの価値基準が本当に正しいかどうか、世情に合致しているかどうかを常に自問しながら、正しいと思われる選択を行なうことであろう。

# ルートセッターに愛の手を

ルートセッターは重要な役割ということになっているが、
多くの人からは理解されていない。
なぜなら、その働いている姿をほとんど目にすることがない。
「鶴の恩返し」のように「決して中をのぞいてはなりません」
という状況で作業しているのだから当然だ。
試合のときはいちばん前で寝転んでいるだけだし……。

国際大会では各国に滞在してルートセットをしているが、試合前にホテルの廊下で選手に出くわすと、サッと道を譲ったりしてくれる。ただし、われわれは常に次の言葉を忘れてはいない。「国民にとって民主主義は選挙の前だけ」、そして「ルートセッターが大事にされるのは試合の前だけ」である。なにしろ、主催者は試合前にはゲスト扱いだが、終わるとともに厄介者に落とされる。そして選手の対応も変わってくる。試合前には選手全員が味方だが、予選の終了とともにそれが26人になり、準決勝が終わると8人に。そして決勝戦後にルートを褒めてくれるのは、優勝したひとりだけになるのだ。

もし君がルートセッターを務めるなら、試合後数週間は「夜道のひとり歩き」と「ホームの最前列で電車を待つ」ことだけは避けなければいけないと忠告しておこう。

## ワールドカップ加須2009

さて、15年ぶりに日本で開催されたワールドカップは、後半はほとんどルーフ状という激しく前傾したクライミングウォールも、加須市・埼玉県岳連を中心とした運営も立派に成功し、非常な盛り上がりのなかでその幕を閉じた。そう、ワールドカップは必然的にその幕を閉じたが、この記憶の扉を強制的に閉じて、忘却の彼方に押しやってしまいたいという人物も幾人かいることだろう。当然、ふがいない成績に終わった選手はそうであろうが、今回のチーフルートセッターを努めたオーストリアのライニーも、そのひとりだと思う。

なんでもワールドカップは、1国だけのセッターたちでは不可らしい。特にチーフは、開催国以外から出さなければいけないという規定もある。今回訪れたライニーは、過去のワールドカップで決勝近くまでいったことのある実力クライマーだったらしい。「らしい」と憶測形なのは、われわれの前に現れた当人はやや恰幅がよく、そして毎日レストランに入るたびに、唯一覚えた日本語

「ナマチュー!」を1食につき3回以上発する今の姿からは、想像力を相当たくましくしないと行き着かない体形だったからだ。

今回のルートセットは、このライニーと私と木村伸介、そして平松幸祐とで行なった。通常はカテゴリーごとに担当を決めて、1ルートをひとりで担当することが多いが、今回のライニーの発案は、ルート長20mを2〜4人で手分けし、おのおのが10mから5mずつを担当するというものだった。

こうすれば、ルートを作るスペースをほかのセッターに占有されることがないので早くセットできる。心配されるのは、ルートの統一感やグレード、各パートのつながりがうまくいくかということであるが、そこは、もう何年もセッターとしてかかわっている者なら、そんなに戸惑うことはない。自分の担当パートでの配分グレード(3分の1までは5・12b、3分の2までは5・13a、トップは5・13d)と、ジョイント部のホールドはどの方向からどちら側の手で入ってくるかを事前に決めておき、自分のパートの果たすべき役割(導入部・中間部・最上部)をわきまえてセットすればいいのだ。

しかし、ここでひとつのミスが生じた。任されたパートは各人にとってあまりに短く、やり甲斐がないとばかりに、それぞれが蛇行したルートにしてしまい、全70手近い、通常の倍くらいのルートになったからである。当然、手数はあとで調整したが。

設定されたルートは試登を繰り返し、内容とグレードを詰めていって仕上げる。しかし最終的には、準決勝のルートは予選を、決勝のルートは準決勝の選手の登りを見て、本番直前に調整することがよくある。今回、女子準決勝は完登1人（アンゲラ・アイター）で決勝戦の展開が楽になったが、男子準決勝は、ほぼ8人全員が完登状態だった。ライニーは事前に男子の完登者は2人程度と予測していたため、用意したルートはやさしすぎたということになる。決勝ルートは準決勝を少し難しくしたくらいだったので、もっと難しくする必要にかられたらしい。また、決勝ルートの中間核心部も準決勝を見て対応すると言っていたが、そこのレベルを緩めず、そのままにした。準決勝から決勝にルートを作り替える際、その場でライニーが奮闘していた。ルートを直前に変更するというのは、いろいろと問題も抱えてしまう。

料理に例えると、オードブル／メインメニュー／デザートとレシピを用意していたのに、最初のオードブルで、用意した味付けとゲストの好みとが異なることがわかったようなものだ。機敏にその場で対応できればいいが、今回はテストクライムなしで、そう、レシピを変えたのに味見なしでテーブルに出してしまったに等しい。

そして結局、その中間核心部付近で7人の選手がフォールし、そこをたったひとり抜け出したトーマスが優勝してしまった。

女子のほうはどうだったか。女子の決勝ルートは準決勝と同等か、やや難しいものを用意していた。もし実力者ふたりが完登しても準決勝で差がついているのだから問題ないし、準決勝1位はライニーと同郷のアンゲラである。しかし、そのルートも変更し、オリジナルでも難しいパートだった部分をさらに難しくしてしまった。通常は、やさしめに感じた部分を難しくするものだが、ライニーにとっては何度も試みた部分で調整したかったのだろう。そして試合では、そこで多くの選手が行きつ戻りつ逡巡して多くの時間をロスするという関所状態になってしまった。

できればその部分だけでも試登すればよかったのだが、時間的に困難な場合には、最終担当者（今回の場合はチーフ）に任せることが多い。それに、実はその変更を、下のパートを復元していたわれわれは知らされていなかった。

しかし、なにはともあれ今回の試合も、ラウンドごとのバラつきやタッチの差に救われて、試合としての順位は一応ついた形になった。まあ無難なルートを作れば見栄えがしないし、トッポいルートは成績が団子状態になるおそれがあり、どちらに振りすぎても角が立つ。

## 過去の失敗例

この機会に、今回のルートがブッ飛んでしまうほどの過去の失敗例を紹介しよう。

最難ルート：長さ20mのルートの下部5mですべての結着がついた決勝ルート。（新百合ヶ丘／ジャパンツアー）
角度違い：可動壁の角度を予定より緩くして試合を行なってしまい、8割の選手が完登した。（富山／ジュニアオリンピック）
外し忘れ：ルートをカムフラージュするためのダミーホールドを外し忘れ、選手が足を乗せるとクルクル回転した。（高知／ジャパンカップ）
一手勝負：最初の一手をクロスで出さないと登れない。8割方がそれで落ちた。（長崎／地方コンペ）
レッドポイント：アイソレーションルームから試合壁が丸見えで、選手はウォーミングアップウォールに核心ムーブを設定してリハーサルしていた。（香川／ジャパンカップ）
取り扱い注意：ホールドが経年変化でもろくなっていて、通常のムーブで砕けた。（秦野／日本選手権）

大盛況だったワールドカップ加須大会

# 判断ミスはなぜ起こる?

日常生活に〝ちょっとしたミス〟はつきもので、それによって致命的なことには、まずならない。ところが、クライミングという非日常的な行為中の〝ちょっとしたミス〟は、ただではすまない。

## 判断ミスはなぜ起こる?

クライミングは危険なスポーツか? 交通事故より死亡率は高いか?という論議は別として、常に心に刻む必要があるのは「クライミングは高いところで行なっている。人間はミスを犯しやすい」という言葉である。たとえ高みにいても、ミスがなければ安全性は高い。また、日常のミスで落命につながることは非常に少ない。問題は、高い場所でミスを犯してしまうことである。

今回は私が経験した逸話と、それに類するクライミングミスを省みた。

## 脱出せよ

とある岩場に行こうと中国道を走っていたとき、急に腹具合に異常をきたした。最寄りのパーキングまではなんとかもちこたえたものの、車から降りたころから非常に危機的状態となり、人間の尊厳をかけて必死でトイレに向かった。最初のトイレの入り口には女性用のマークが掛かっていたので、それをやり過ごし、次の入り口から入って個室に飛び込んだ。

嵐の瞬間が過ぎて平穏を取り戻したころ、陶器製キジ撃ち器の前に見慣れない小箱があるのに気がついた。ラベルには「音姫」と書かれており、付属のボタンを押してみると水を流す音がする。「ははあ、これが用足し音を紛らわす機器かー?」と合点し、さらに「この県はなんて奥ゆかしいんだ。男性トイレにもこんなのが付いているなんて」と感心した。しかし次の瞬間、ひとつの疑念がムクムクと込み上げてきた。「ここは男性用だったよな? 最初の女性用の入り口を確認して、次に入ったものな」と記憶をたどってみた。「だが待てよ、もし入り口が2カ所あったら?」と考えているうちに、扉の外では女性のざわめきが……。事は明らかだった。さらに間の悪いことに、ポケットには「携帯電話付きカメラ」(逆か?)が入っていた。「ああ、確認し忘れてはいけないことを忘れ、忘れていいものを持っているなんて……。いまさら言い訳は通じるのか?」

禍福はあざなえる縄のごとし。それまで人生の目的は安全にこの個室に入ることだったのに、たった数分後にはこの個室から安全に出ることが究極の目的になるなんて……。

※日常的に慣れた行動は軽い確認作業で過ごしがちである。ルートセット中にグリグリを留めていた安全環付きカラビナのスクリューが回転してしまい、ロックされていない状態で作業していたことが過去10年間に2、3度あった。ミスに対抗する措置は、たゆみない確認である。

## 意外と近い

クライミングウォールの製作に携わって20年。日本で最初に誕生した大阪のクライミングジム(林照茂経営)にも、2番目の東京のジム(自社経営)の建設にもかかわったし、クライミングウォールに関するあらゆるデザインも試みた。

自分が発明した商品もある。ドイツのクライミングウォールメーカーにその模型を持っていったとき、そこの社長が「先日のミーティングで、理論的には将来このようなタイプのデザインが考案される可能性があると話していたら、おまえがそのプランを具体化したうえ、模型まで持ってきたのには驚いた」というものである。

山口県にも、その理論で作製したドイツ製のクライミングウォールが建設された。オープニングのとき、ひとりの新聞記者に「このデザインはたいへん目新しいものらしいですね。あなたが考案者と聞いたのですが」と質問された。当方が「はい。これは世界で2番目の例です」と答えた。すると記者は「世界で2番目!? それがこの山口県に? 大変なニュースになりますよ!」と言って記者手帳を開き、理論的な内容や開発に至るエピソードなどを聞いてきた。

いっとき質問に答えていると「最後の質問ですが、これが世界で2例目なら1番目はどこですか? やはりドイツですか? フランスかなー。アメリカやカナダだったりして」と言ってきた。私は悪びれることなくニコニコしながら「岡山県です」と答えた。すると記者は可哀想なくらい首をうなだれて、パタンと手帳を閉じてしまった。

※説明をきちんと聞かないうちに早合点して行動し、ミスを犯すことがある。新しいエリアへのアプローチや終了点の状況をちゃんと確認しなかったり、最新のクライミングギアを説明書もろくに見ないで使用してしまうことなど、クライミングライフには危険が潜んでいる箇所が多い。

## 見解の相違

クライミングでペアを組むとき重要なことは、そのパートナーシップ、見解の一致である。藤原博とある海岸の岩場でルート開拓をしたときは強風が吹き荒れていた。なにしろ、懸垂下降しようとロープにぶら下がっても、ロープは強風のため、吹き流しのようにどこまでも海面と平行に流れていくような始末で、下降器から両手を離しても、体は下に行きはしなかった。思わず「ひどい風だ。まるでエベレストのサウスコルにいるようだな！」と行ったこともない場所を例えて叫ぶと、相方も「ああ、パタゴニアで登ってるくらいきついな！」と、これまた写真でしか見たことのない山を引き合いに答えた。

その相方と、ある大学の体育館に設置したクライミングウォールの竣工式に呼ばれたときである。紅白の垂れ幕で囲まれた式場は宴席も兼ねており、居並ぶ大学関係者の乾杯のあと、私の出番となった。新しい施設でデモクライミングを依頼されていたのだ。

ウォールに向かうとトップロープが用意されていて、すでに中年のご婦人がビレイ態勢に入っていた。「ああ、トップロープでいいんだ」と気楽に壁に向かい、ややオーバーアクションぎみにクライミングしていった。なんなく終了点に到達したので「テンション！」と叫びロープに体重を預けた瞬間、なんの抵抗もなくスゥーッと落ちていき、ダーンと床に叩きつけられた。

まあ高さは9mくらいだし、ややクッションのある体育館の床なのでケガはなかったものの、墜落音の大きさにゲスト一同はどよめいていた。思わず「グラウンドフォールだ！」と藤原が叫んだ。私はジーンとなった両足をさすりながら、しかめっ面のままうなずいた。ただし、ビレイヤーから発せられたのは次の言葉だった。「あら、ちょっと速かったかしら？」

※なにごとも取り合わせが重要だ。年々細くなり、防水性が向上していくクライミングロープと、手を離しても止まると思われているオートビレイディバイス。性能が向上している分、使用範囲もピーキーであるし、組み合わせが悪いと事故が発生しているケースもある。それぞれの使用特性と適応サイズを常に意識したい。例えば、いちばん細いシングル使用可のロープにグリグリは作動しない。

備中での開拓ルート。5.10bです

# 岩を探せ！

クライミングジム全盛といってもやはり自然の壁を登る醍醐味は格別。そして何より、新しい岩場を発見して、自分のルートを築くことは無上の喜びに至る。問題は新エリアの発見である。

## 冒険は岩にあり

過去、歴史上にはクリストファー・コロンブスやバスコ・ダ・ガマ、フェルディナンド・マゼランといった海洋探検家がいた。さらにデイビッド・リビングストンやスヴェン・ヘディンなど、大陸内部を冒険した探検家たちもいる。

そういった先人の偉大業績には及びもしないが、クライマーなら、自分が見つけた岩場にルートを見いだし、初登記録を打ち立てることこそ大きな誉れである。

さて、問題はその対象となる岩場の発見である。フリークライミングが日本に入ってきた当初は、エイドクライミングでしか登られていない既成ルートをフリー化することでも初登記録と認められた。さらに開拓初期は全国各地で、毎月のごとく新しい岩場が見つけられていたものだ。

しかし、おおかたの目ぼしい岩場が開拓し尽くされた今、普通の範囲内のアプローチでは、そこそこの規模の岩場の発見は非常に困難である。なにしろ、地球を半周してアメリカの既成の岩場へ行くより、国内で新エリアを発見することのほうが労力がいるくらいである。

## 岩場の発見こそすべて

とにかくルート開拓で最も難しい作業は、岩場を見つけることである。岩を掃除してボルトを打ったり、初登したりすることは、多少の困難はあれ時間が解決してくれる。ところが対象物がないと、いくら意気込んでも意味がない。

かくして、開拓を目するクライマーは岩探しに血道を上げるのである。車に乗れば、前方を見る倍くらいの時間、路側の山々に目を走らせ、岩の発見に努める。フェリーに乗れば甲板上から、航海見張員そこのけの勢いで海岸を捜索する。飛行機では窓に額をくっつけて下界の探査に精を出す。ひとたび岩塊が見えれば、迷わずフライトアテンダントの呼び出しボタンを押す。

長崎から大阪に向かうときなど、眼下に岩場らしきものが見えたので〝ピンポン、ピンポン！〟と呼び出し、「今どこの上空ですか？」と尋ねた。「大分県中津市あたりです」という返事。「くそー耶馬渓か、観光地だな」。さらに数分後「今どこの上空ですか？」と尋ねる。「国東半島上空です」。「火山地質か？　もろいな」と勝手に毒づく……。

高速道路でも岩場の候補が見えると、迷わず次のＩＣで降りて側道をＵターンする。しかし、このような努力で「門司」や「三重県白嵓」「高知県大栃」といった岩場を発見したのだ。「意志あるところに岩は見つかる」

また、ひと昔前は、国土地理院発行地形図のゲジゲジマーク（岩場の印）を探し出しては現地踏査を繰り返したのであるが、なかなか手間がかかる。その後、日本地質図を入手し、その石灰岩分布図とゲジゲジマークが重なったあたりに見当をつけたほうが効率のいいことがわかった。

あるとき、日本の石灰岩の岩場を地図上にプロットしていくと、ひとつのラインが浮かび上がった。「熊本・万江川」「大分・本庄」「高知・斗賀野／大栃」「徳島・慈眼寺」「和歌山・白崎」「奈良・柏木」「三重・白嵓」「愛知・石巻山」などがそうである。すわっ、ヴェーゲナーの大陸移動説に匹敵する「クライミングエリア一列説」の発見かと思われたが、なんのことはない、日本の石灰岩地帯は帯状になっていて、これらの地層は秩父累帯と呼ばれる中央構造線に沿っている。

したがって日本の石灰岩は、プレートテクトニクスにより、太平洋をはるばる運搬されて堆積したらしい。いま自分たちが登っている石灰岩は、もともとハワイあたりのウミユリやフズリナという生物だと思いながら登るのも一興である。

さて、海岸の岩場を調べるには釣場の写真集を買うといい。カラー写真は少々高いが、いちいち現地へ行って手当たり次第に探す費用や時間を考えれば、はるかにマシである。対潜哨戒機のレーダー手のような緻密さで写真を探る。岩のスケールとハング具合は微妙な影の具合で、硬そうな岩質は色で判断する。紀伊半島の「太地の岩場」や「白浜五色浜の岩場」は、それで探し出したのである。

しかし、いつもうまく事が運ぶとは限らない。それどころか、あたりをつけた場所へ10回見に行っても、クライミングが可能な岩場に一度も行き当たらないのが普通である。あるとき、秩父累帯上に尖峰山なる地名を発見し、勢い込んで行ったら小さな露岩であった。大きな石灰岩地帯はその場所の手前で、地中深く沈み込んでいたのだ。また、川の左岸に石灰岩があり、右岸に白嵓という既成エリアと同名の地名があったので、今度こそ間違いないと急きょ赴いたが、白いボロボロの堆積岩だった。川の真ん中に断層があり、岩質が変わっていたのだ。

このように、金鉱脈を発見せんと徘徊する山師のごとく、また険しい修行の場を求めて全国を行脚する山伏のごとく、岩を求めての東奔西走が、開拓クライマーの人生の大部分を占める。岩を登るのはそのわずかな部分である。

さて、現実に岩探しがどれくらい波乱に富んでいるか、一例を紹介しよう。

## 死の脱出行

その日は滋賀県の山間部に石灰岩の岩場を探していた。岩探しは冬季のほうが、樹木の葉が繁茂しておらず岩が目につきやすくていい。そのときは2月。車から降り、目検討をつけた場所へ歩き始めたころは積雪10㎝くらいだった。そのうち、だんだん積雪量が増えてきたが、なかなか感じのいい岩場地帯が続いていたため、思わず深入りしてしまった。車から2㎞ほど離れたところで、岩場が終わった。岩はあったものの、ルート開拓に役立ちそうな程度ではなかった。積雪は約30㎝。

地図を見ると、そこから500mくらい行くと村があり、村から別の道を経由して、車を止めたあたりまでバスもありそうだった。温かいコーヒーが飲める自販機もあるだろう。雪道を2㎞戻るか、500m進んでバスに乗るか。そのころ、私は若かった。青年は荒野へ向かう。既知の2㎞より未知の500mを選んだのだ。

途中、道をショートカットして胸までのラッセルをしながら、やっとの思いで村に着いた。しかし様子がおかしい。人は誰ひとりおらず、ときどき吹く風に、外れかけた看板が乾いた音をたてていた。そこは何年か前に棄村されたゴーストタウンだった。温かいコーヒーは幻。硬貨を握り締めて、しばし佇む私であった。

さて、ここからの脱出はどうするか。時刻は午後4時、暗くなるまで1時間強。もと来た道を戻るか？　ここまで2時間くらいかかった。車までダイレクトで行ける山越えか？　雪がさらに深くなった場合は雪洞でビバークだ。未知のバス道でぐるっと回っても、車までは来た行程と同じくらい。未知の道を行こう！　雪はそっちのほうが浅い気がした。

人は期待したことの起きる確率を高く判断するらしい。宝くじを買ったらなんとなく当たる気がしないですか？　実は交通事故で死ぬ可能性より、何倍も低いのに。

かくして期待は外れた。道はさらに雪が深くなり、明るいうちに車に戻るのは不可能になった。ふと地図を見ると、近くの渓谷が車のあたりまで続いている。これだ！　水が流れている場所に雪はない。青年は凍谷（コウヤ）を目指す。

しかし谷の両岸は急斜面で、さらにデブリ（雪崩の先端にできる雪の塊群）で覆われている。仕方なしに、大きな淵を避けつつ、足首まで水に浸かりながら谷を進む。2月の雪解け水の中をだ。けれど、そんなちびちびと冷たい思いも数百メートルまで。あっという間に滑りこけて胸元まで水に浸かったからだ。

「オー！ ノー!!」。ここまできたら、もう怖いものは何もない。尻に火がついたように（実際にはまったく反対の状態だが）、あとはすべての淵を泳ぐように進み、数キロの谷もあっという間に踏破した。

# マナーよりマネー？

クライミングもスポーツの一種であるから当然、ルールがあり、独自のマナーも存在する。今回はテーマに「マナー」を取り上げた。語る資格を問うなかれ、ああ頭が痛い。

「競技ルール」と「マナー」は異なる。前者が法律的な色合いをもつ規則なら、後者は行儀・作法・習慣といった、人間関係を潤滑にするための不文律である。リードクライミングで一度でもテンションすれば完登と見なされないのが「規則」で、長いテンション（ハングドッグ）は控えるというのが「マナー」である。

マナーにも、古い因習を踏襲するようなものから、申し合わせ事項的に新たに発生するもの、そのジムまたはエリアに独特なローカルルールなどがあり、非常に複雑である。まあ、他人への迷惑を慮って社会通念から行動すればほとんど問題ないのだが……。

## ラインの交錯

千載一遇のオンサイト・トライ、または渾身のレッドポイント・トライで、ほぼルートを手中にしかけたとき、横からひょいとビギナーが登りだす。厳しいホールドに耐え、相手が行き過ぎるのを待ちながら、顔をしかめてアゴで相手に「降りろ！　降りろ！」と意思表示したり、背中を丸めて「ウ〜！」といいながら威嚇したりしても、相手は知らんぷりだ。

ルートは、最初に登りだしたほうに占有権がある。隣のクライマーが登っているラインをよく観察してから取り付こう。

## 順番待ち

最近、中国では、バス停で列を作って順番待ちをすることを覚えたらしい。まあ大阪のオバハンのなかには、まだ旧中華風の乗り方をする方を多々見かけるが。

この前、ＲＣサクセションの「雨上がりの夜空に」という曲を間違えて「風呂上がりの夜空に」と言ったら、ミスを指摘された。それでも「ど、どっちが爽やかなんだ？」とすごんで強引に認めさせたほど押しの強い私でさえ、順番待ちを無視するような度胸はない。

ただし、声をかけておいたり、列に並んだり、物を置いておくなどの意思表示をせずに、ただ「次に登りたい」と思っているだけでは誤解を招くおそれもあるので気をつけよう。

## 落下

ボルダリング・ジャパンカップのルートセットで試登の際、作業に使った脚立を除けて登りだしたところ、私の知らないうちに、ほかのスタッフがその脚立を移動させてマットの上に寝かせていた。ただし、そこはランジに失敗したらまさに振られ落ちする場所だった。そこに脚立の存在を知ったのは落ち始めてからであった。「なぜそんなところにあるの⁉」と思いながら、必死で向きを変えようとしたが翼があるわけではない。なすすべもなく脚立に足を叩きつけた！

のるかそるかのトライのときに、またはこの一手のランジに懸けようとするときに、下に誰かがたたずんでいる状況ほどつらいことはない。「どいてください！」と言っていいのは当たり前だが、それでも相手が気づかないときは、本能寺で明智光秀に謀反された信長のように「是非もない！」と断念せざるを得ない。

ボルダリングなどでは、つい仲間うちのトライにしか目がいかないものだが、予期せぬ方向から落ちてくることがあるので、十分に注意したい。

## 歓声

私がボルダリングを始めたころは、人里離れた場所にある岩にひとり対峙し、トライの合間には純文学や哲学書の類を読んでいたものだ。そういうのが流行でもあったのだ。

それから四半世紀が経過すると同じスポーツでも様相は一変する。「オーリャー！」とか「アチョー！」などカンフー映画もどきのかけ声が交錯し、怪獣の咆吼、マウンテンゴリラの雄叫び、あらゆる怒号が行き交う場合もある。ボルダリングセッションでは特に相乗的に盛り上がるものであるが、時間帯や場所柄、ほかの客とのつりあいなどを考慮して、その場に相応しい盛り上がりを意識したいものだ。

**クリーニング**

昨年から国際コンペでは、選手20人以内に1回はクリーニングをしなければいけないように明文化された。なんでも、ルートセッターの怠慢を防止するのが目的らしい。上の方々は本当に、われわれの行動をお見通しである。

一般的なクライミングでも、マナー的には降りてくるときにホールドをクリーニングすることが望ましい。核心部だけでもいい。ただしボルダーで、チョークバッグにブラシを差して登るのは注意したい。そのブラシが体に刺さる事故が報告されているからだ。

岩には専用のブラシがあるが、歯ブラシでも代替可能である。昔はすべて歯ブラシであった。ドイツ出張の際、そのホテルには歯ブラシがなかった。しかしタイミングのいいことに、前の晩、ドイツのウォールメーカーから岩用ブラシ付きのチョークバッグをプレゼントされていた。ただその本末転倒な使用は、相当ハードな試みであった。歯には専用のブラシがあるが、岩用ブラシでは代替不可能である。

**クイックドロー**

ルートに先客のクイックドローが残置されている場合は、基本的にはそれを使用してもいいのが慣例である。トライごとにクイックドローを取り換えるのでは繁雑すぎる。ただし、いくら慣習といっても、ひと声かけてから使用させてもらうくらいのことはしよう。クイックドローやマットの貸し借りが、美しいクライマーシップを生み出す。

**駐車**

岩場でのアクセスや駐車では、そのエリアごとにルールが異なる場合が多いので、事前に情報を得よう。

そういえば、ルート開拓の下見のため、崖っぷちに車を止めてそれを支点に懸垂下降したときがあった。ぶら下がっていながら一抹の不安が込み上げた。「車のキーは抜いたっけ？　もし誰かに移動でもされたりしたら……」

**服装**

厳しい話をしよう。

国体では競技が37種目あるが、ユニフォームに統制がとれていないのはクライミングだけである。だから一般の観客にはきちんとした試合に映らず、「練習かと思った」といわれることも少なくない。また、開会式や表彰式の草履履き、半ズボンやダボダボのズボンも見苦しい。「難民のようだ」と批判されたことさえある。ほかの競技が、試合をすることを中心に存在し組織されているのに対し、クライミングの主流は競技とは言い難く、試合も個人参加であることに依拠しているので、その差は仕方がないともいえる。

しかし、いくらわれわれの世界がそうであっても、スポーツを管轄する体育協会や教育委員会から「その姿にげんなりする」といわれているのも確かである。クライマーの地位向上・競技の厳粛性を考え、今後の発展を目指すとなれば、せめて試合や式のときだけは選手らしい服装を心がけたい。

**整列**

これもまた、クライマーにとっては苦手な作業である。甲子園の入場行進のように厳粛に、とまではいわないが、来賓のあいさつ中にメールするというのは、いくらなんでも、ないだろう。

**現状**

ダボダボ半ズボン・草履履き↓だらだら落ち着きがない↓社会の評価が落ちる↓お取り潰し。

**改革案**

シャッキとした衣装↓スカッと整列↓世間の評価が上がる↓賞品倍増！

大分国体での国際ルートセッターたちの華麗なる働きぶり

# 2009-2012

その瞬間にかける──。
ボルダリングW-CUP加須秘話
リクエストにお応えします
ああ、クライミングへボ
ひと言の重み
クライミングこそ、わが人生
高層の死角
意外な結末
美女、なんばに集う
国体に出よう

# その瞬間にかける——。

クライミングは、ボルダーで数十秒、アルパインで数日かけるスポーツである。ただし勝負は、わずか一瞬の判断やアクションによって大きく左右されることも多い。今回はその一瞬の可能性を探る。

## 人生はいつも分岐路

ルートを登る場合、クライマーは常によりよい結果を求めて局面を打開しながら登ることを強いられる。ルートの核心部でテクニカルに処理するか、ハードプッシュに飛びつくか、といった分岐点に立たされることも多々ある。

基本的にムーブの（腕力の消耗を防ぐ）有効性は［フック→キョン→ハイステップ→カウンターバランス］の順である。これらのムーブが使用できるか否かはフットホールドの位置関係から決定される。ムーブの選択は自由だが、ヒールフックができる場所でカウンターバランスを選んでしまうと、握力の消耗度が高くなる。ただし、通常のルートではフックできる部分は少なく、カウンターバランスはほとんどの箇所で使用可能でもある。この辺はクライミングというスポーツの難しいところで、有効なムーブほど使用可能な部分が少ないのだ。

もし、ある部分でテクニカルに処理しようとしてムーブの選択に手間取り、逡巡を繰り返してしまうと、最終的に有効なムーブを見つけても、握力が回復不可能なところまで消耗し、元も子もなくなってしまう。いっそ、ハードプッシュに次のホールドへ飛びついてしまったほうがいいこともある。

ただし常にハードプッシュに攻め、足ブラのキャンパシングなどを繰り返していると、あっという間に消耗するだろう。テクニカルにいけるところは、やはり丁寧なムーブを試みたほうがいい。とにかく、その部分で「最適な判断ができる」ということが大切である。クライマーによってはどちらかに偏っているので、テクニカルかハードプッシュかの選択を最適化したい。

また、ルートでは登り始めが大事である。力があるうちの下部が粗いクライミングになるとリズムが崩れ、上部まで丁寧なクライミングに修正できないことがある。登りだしはあえて丁寧にいきたい。

ただし、深すぎるカウンターバランスや不必要なキョンなどを繰り返して、丁寧すぎるクライミングも考えものである。最近の極端に難しいルートはボルダー的なムーブの連続が多く、スムーズで流れるようなクライミングが要求され、動きが止まれば落ちるような流麗なクライミングになってきている。したがって、ワンムーブごとに切るのではなく、２つ３つのムーブをポン・ポン・ポンと処理しなければならない。つまり、コンピュータの演算処理が年々進化しているのと同様、クライミングのグレードアップに伴い、その一瞬の動きや判断速度もますます速いことが必要になってきているのだ。

## 気合を入れろ

さて、そのホールドを止められるかどうかという局面では、何よりその一瞬の集中力にかかっている。心技体が整った場合、非常な力が発揮されることもある。クライマーのなかには、気合もろとも叫ぶ者も少なからずいる。

私が知っているなかで最も特異な叫び声を上げるクライマーはK県のT君であろう。一般的な叫び声は「ハッ！」とか「フン！」であろうが、彼の場合は「トォー！」である。初めて聞いたときは仮面ライダーを思い出した。そのうち「チェストー！」と言いだした。いつから薩摩示現流に入門したのか定かではない。ただ、試合のたびに、彼の叫び声が密かな私の楽しみになっていた。

実は私も、その「チェスト」を取り入れたことが数回ある。クライミングのときではない。夜遅くまでルートセットして野営するときは体育館のシャワーを浴びるのだが、2月というのに水しか出ないことが高知県と福岡県で2回あった。2回とも覚悟を決めて冷水シャワーを浴びたが、シャンプーまでするとなると相当な修練が必要である。思わず「チェスト、チェスト！」と叫びながら冷水を浴び続けた。あのケースでは「ハッ！」とか「フン！」では手ぬるいのだ。

さて、そのT君も参加した講習会。参加者の間では「叫び声」が話題になっていた。そして初心者級の高校女子が登るときである。やや難しいところで行き詰まっていた。何度試みても次のホールドが取れず、そのたびに「あぁっ」とけなげな声を小さく上げていた。それを見てコーチが「声を出せ！　声を！」と叫んだ。するとその選手は「ああ！」と大声を上げながら落ちていった。それじゃ、悲鳴を大きくしただけだろ？

## 勘働き

クライミングの局面においては「勘働き」も重要である。コンペでは、前のクライマーがどこまで登ったか、観客の歓声によっておおよその見当はつく。引き抜かれたロープによって揺れているクイックドローの高さで、もっと正確な高度がわかるだろう。それから前の選手の戦闘能力がわかれば、そこまでだいたいどれくらいのグレードかが推察されるので、自分のペース配分に利用できる。

もう少しマニアックな話をしよう。コンペでは、ルートセッターはクイックドローからロープが脱落しないような向きにカラビナをセットしている。つまり、アクシス（ルートの方向）に対してカラビナの背中が向いている。オブザベーションのときにルートの方向が判別しにくい場合は、カラビナの向きで確認することができる。

また、傾斜がきつくなる屈曲点では足の踏ん張りが効きやすいため、ほとんどのルートでレストが可能となるのもセオリーである。

問題は、このようなルート上のポイントをよく押さえて勝負どころを見極めるのと、その部分で非常な集中力を発揮して局面を打開することである。試合に強いクライマーほど、勝負の分かれ目をよく心得て、一瞬の判断でライバルに先んじているように思える。

## トレーニングのすすめ

さて、それではどのようにすれば一瞬の集中力が培われるのだろう？　強い力を発揮するためにはたくさんの筋繊維を動員することが必要で、それには脳から頻度の高いパルスを送る必要がある。普段は生理的にカットされている最大筋力は、トレーニングによって高めることができるという。

つまり、日々のトレーニングで数回でも抜群に集中する登りを取り入れれば、筋力の発揮量をさらに高められるのだ。キャンパスボードでの両手ランジはこのようなトレーニングの一環でもある。

## これぞ集中力

最後に、私が最も決断力を発揮した一瞬を紹介しよう。夕暮れのバス停でバス待ちをしていると尿意を催してきた。ふとあたりを見るとバス停の後方に側溝があり、その向こうが果樹園になっていた。果樹園で用を足そうとした私は、何のためらいもなく、ヒョイと溝を飛び越えた。瞬間、激痛が走った。暗くて見えなかったが、果樹園の前には有刺鉄線が上中下と3本張られていたのだ。

ジャンプを阻まれたうえ、ロープに飛ばされたプロレスラーのように、はじき飛ばされた。大きく後ろにジャンプしようとしたが、さらに運が悪いことに片足だけが下段の有刺鉄線を越えていて、後ろに飛び下がることもできない。このままではバックドロップのように後頭部からコンクリートの側溝に叩きつけられる。その瞬間、ものすごい決意をもって、ハッシと両手で有刺鉄線をつかんだのだ！　ああ、心頭滅却すれば火もまた涼し!!

声を出して気合を入れる平山ユージ　写真＝小澤信太

# ボルダリングW-CUP加須秘話

大盛況だった加須ワールドカップ。
つわものどもの戦いの裏に
またそれなりのドラマが展開されていたのだ。

## チームスピリット

今回のチーフセッターはマニュエル・アスラー（スイス）で、岡野寛いわく「これまで見たなかで、いちばん強いセッター」ということだ。今回の課題は完登率が低く設定されていたが、これもマニュエルの意向だった。やさしめにセットすれば「取りこぼしたほうが負け」、つまり「ミスできない」という試合になり、難しめにセットすれば「登ったほうが勝ち」となる。したがって、今回のコンペは「最後の課題を一発で登れば順位逆転」的な、最後まで勝者がわからない展開となった。

セッターは岡野寛、木村伸介、平松幸祐と私。マニュエルは実直にして朗らかな性格で非常に親しみやすく、チーフとしての責務以上に活躍していた。また国際セッターになりたての岡野も、本来〝ロープを結べばただの人〟といわれるくらいだから、ボルダーということでやる気満々。マニュエルのよきパートナーとして稼働した。平松はアスピラント（見習い）の身分である故、常にアグレッシブに挑戦していたし、伸介も元ボルダー小僧の本領を見せていた。つまり、それぞれ持ち分がよくかみ合っていたと感じた。

セット後は連日、炉端焼き。わきあいあいとした雰囲気のなか、乾杯が繰り返されるたびに志気は向上していくのだ。マニュエルもこのジャパニーズ風ディナースタイルを、たいへん気に入っていた。

いきなり昔の話になるが、シンガポールW－CUPでのセットのこと。私は食堂に向かうエレベーターの中で、キム（韓国）、レイ（中国）、嵯峨（日本）のセッターたちに訓辞した。「セッターは協調性がいちばん重要だ。チームスピリットが大切である」。3人は一応、神妙な顔つきでうなずいていたが、内心、年長者が小うるさいことを言っていると思っていたにちがいない。

食事のとき、ビールが出た。3人はグラスを上げたが、下戸の嵯峨は乾杯を拒否する。そこで私が勧告した。「いっときなさい、嵯峨君。チームスピリットだぞ！」。そしてこの瞬間、キムとレイは先ほどの訓辞の伏線を理解した。「チームスピリット！　チームスピリット！」と連呼しながら杯を促す。やむなく嵯峨君も「チームスピリット〜！」と乾杯に応ずるハメに。その後も悪乗りしたキムとレイに何度もビールが注がれ、「チームスピリット」を強要され続けながら、セッターの強い絆の恐ろしさを思い知ることになったのである。

## ピンバッジは誰に？

今回のワールドカップでは、私の勤務する会社から記念ピンバッジを発行した。場内で販売していた以外にも、体験クライミングで完登するともらえたが、スタッフにも適当に配ったりしていた。その適当というのが問題で、女性に多く渡していると指摘された。本人は男女それぞれに同数ずつ配ったつもりであるが、ご同輩の話では「女性に渡しているのは目立つんだよ」ということらしい。かといって、トイレの隅や体育館の裏でコソッと手渡すようなものじゃないだろ。

さて、この大会にも、男女に限らず魅力的な選手が大勢出場した。私が気になったのは優勝したイケメン、ステファン・ジュリアンをはじめとするフランスチームのピッチリしたユニフォームで、男子選手のむっちりした筋肉が強調されて、解剖学的な見地からもなかなか楽しませてくれた。

同じくピッチリ派の女性、スウェーデンのアンジェリカ・リンド選手はスタイル抜群なうえに愛嬌もあって、場内の人気は非常に高かった。「あんな選手にこそピンバッジをプレゼントしたいものだ」と決意固く、機会をうかがったが、なかなか会合できる場面はこなかった。それでもなんとかチャンスをものにしてバッジを手渡したとき、彼女は言った。「あんた、昨日も私にくれたよ」。

――ああ、記憶を喪失するほどの美人に乾杯。

## ハリボテ

今回の課題の評価は高かったようだが、その一役を担ったのが「ハリボテ」である。木製は大工を本業とする五十嵐丈生氏作のもので、浅い角度の組み合わせでも誤差のない、すばらしいものであった。またＦＰＲ製は「ボルダリング段級グレード」の発案者、〝カリスマ〟草野俊達氏のもので、これまた「保持できるか、できないか」のきわどいムーブを創出する傑作であった。

ハリボテは壁に咲く花のごとく、課題を盛り上げる大事な要素である。ただし、このハリボテでのセットで私はルートセット史上最大の危機に遭遇している。

大分国体で高さ３ｍのルーフの先端に自作のハリボテを用いてのことであった。ムーブを探るため、数個のビスで仮留めし、ホールドをつけて試登に入った。ムーブは、ルーフの先端のハリボテにつけたホールドを持って逆上がり状で頭を下にしたまま足を上げていき、最終ホールドにトウフックをしてから体を反転して、最終ホールドをつかむものであった。

１度目の試登ではルーフ先端のホールドを両手で保持したものの、終了点まで足をせり上げることができなかった。終了点直下にフットホールドをつけて、再度試登した。今度は踏ん張る場所があるので、体はグイグイせり上がった。と、そのときベキベキと音がして仮留めのハリボテが壁からはがれてしまった。頭を下にして背筋力計を引っ張るフォームのごとく、思いきり足で蹴り込みながら3m下の地上めがけて発射しているようなものだからたまらない。頭から真っ逆さまにマットに突っ込んだのだ。

「大丈夫ですか？」と駆け寄ってきたスタッフの目にはうっすらと涙が。そこまで心配してくれているのかと感激したが、実のところは笑いすぎてのことだと知る。

このような絶体絶命的な体勢で落ちたのに、不思議とケガひとつない。「これはついている」と思っていたら、同じセット中に些細なことでケガをした。

1手目にある下向きのピンチホールドに軽く飛びついたらスッポ抜け、マットに落ちた。墜落距離はたった30㎝。ところがマットの縁で足を捻り、ひどい捻挫になってしまった。うなり声しか出せないくらいの猛烈な痛みとともに、ショック症状で寒気がしてきた。のたうち回りながら、近くにいたセッターの黒住樹人めがけて「樹人！　あれを持ってきてくれ！」と叫んだ。本人はダウンパーカを着せてほしかったのだ。樹人は「あれって何ですか？」と緊迫した表情で聞いてくる。「あれだよ！　あれ！　あれ！」。必死に訴えるが記憶喪失のごとく言葉が口に出てこない。樹人は「あれって何ですか？」を繰り返す。その何回ものやりとりを聞いて岡野寛が涙を流していた。今度こそ気の毒に思ってかと思いきや、岡野もまた腹をかかえて笑っていたのだ。ああ、真のチームスピリットはいずこへ……。

## ハリボテ2

埼玉県の加須市はコイノボリで有名な町でもある。それゆえ、町の至るところでそのマークやオブジェを見ることができる。今回の会場になった加須市体育館でもその玄関先で、青森県の「ねぶた」と見間違うくらいの大きなコイノボリのハリボテが木組みの上に鎮座していた。

コンペも終わり、スポンサーである「八海山」の鏡割りもめでたく終了して、日本酒が一同に振る舞われたときの出来事。酔った勢いもあっただろう、欧州の選手たちはそのコイノボリを本物の神輿と思ったのかは定かでないが、外へ担ぎ出してしまったのだ。驚いたのは体育館の関係者、大慌てで引き止めに行ったが、あっという間に消え去り、コイは水を得た魚（？）のような勢いで、夜の町なかを駆け巡ったのであった。

加須のシンボル、コイノボリ、夜の街へいざ出陣　写真＝渡辺数馬

# リクエストにお応えします

ルートセッターはそれぞれが勝手にセットしているのではなく
少しでも試合やカテゴリーに応じたルートにするために
毎回腐心しているのであるが、
ときにはハードすぎるリクエストもあったりして……。

## リクエストとは？

私は普段、テレビをあまり見ない。しかし、あるきっかけで見た番組の中で、爆笑問題というお笑いコンビの興味深い言い回しを聞いた。芸能ニュースの番組で、女優とそのマネジャーが結婚したのち離婚した話題があった。女優方の結婚直後のコメントは「この人となら地獄の底までついていくわ」であったらしい。その後、数年がたち、夫になったマネジャーから家庭内暴力を受けたとして離婚に至ったが、そのときの女優のコメントは「地獄を見せられた」であった。そのとき爆笑問題の太田光氏はこのようなセリフを言った。「マネジャーはリクエストに答えただけなのにねぇ」

このようなきわどいブラックジョークはさておき、世間は「依頼・リクエスト・要望」といった類のものと、それについての「対応」から成り立っている。ただし「対応」が常にリクエストに即

していると は限らない。

このような逸話もある。ヨーロッパのある有名な画家が他国に旅行してレストランに入ったときのことだ。キノコ料理を食べたかった画家であるが、言葉が通じなくてメニューを見てもわからない。しかし自信たっぷりにキノコの絵を描いてウエイターに渡した。ウエイターが持ってきたのは傘であった。

## 依頼人より

さて、リクエストに応えることの困難さをここまで伏線にしたあとで、この前の２００９年ＪＦＡ日本選手権の話をしよう。

この試合の担当ルートセッターは木村伸介と小澤信太と私であった。私はその前にあったＪＯＣと国体で男子ファイナルを担当していたので、今回は女子ファイナルと男子セミファイナルを担当した。

前者は作り置きで、男子セミファイナルは予選が終わった日の夜に作ることとなったが、タイ記録が多く予選の通過者が33人（予定は26人）も出たので、運営側からはスケジュールを鑑みて、できるだけスピーディな試合運営を依頼された。つまり「レストポイントなんかなくていい。登る時間も短めで」とのことである。

またある選手から「狭いムーブが多い傾向にあるので、のびのび登れるようにしてほしい」とのリクエストがあった。もちろん、ひとりの選手の意見を聞くということはしないのだが、この「狭いムーブが多すぎる」という意見は以前から多数聞いていたので、今回採用してみた。

さらにベテランD選手から「ルートは最初から難しいほうがいい」との要望があった。これは主催側の意向である時間短縮につながるので、結果的に要望に答えることになった。

さて『3つの願い』という童話があるが、これらはそれぞれ独立したリクエストを神様が叶えることであり、生身の私が3つの願いを同時に実現することができるであろうか？　目標は「最初から難しく、寸分もレストをさせない、遠めにホールドを設定した」ルートである。

## リクエストへの対処方法

会場となった「ロックランズ」という新設ジムは、高さ10mくらいであるが、45度に設置したウォールを使えば15m近いルートが作れる。その周辺にホールドを貼りだすと途端に伸介から「東さん、そこは男子決勝のアクシスだから、別のところがいいよ」とのありがたいアドバイス。いつになく「遠め・難しめ・レストなし」を意識しながら作業していると、信太から「東さん、今15個しか貼ってないけど、壁はあと2mで終わりだよ」と驚愕の言葉をかけられた。短くてもコンペルートは35個くらいのホールドを標準とするからだ。これまでの最長コンペルートは私が富山で作った78手であるので、今回は最短の記録が頭をよぎる。

とまれ、試登タイム。信太が途中から「ドリーム！」と叫ぶ。これは最近セッターの間での流行言葉で「おいおい本気かよ！　こんなムーブ、誰ができるんだよ！　夢見てんじゃねぇぜ！」という意味である。

自分が試登して調整したあと、今回の「試登要員の隠し玉」野口啓代選手に登ってもらった。女子決勝は終了点タッチであったが、こちらは各駅停車ぎみ、それでも「私がこんな感じならタッ君（沼尻琢磨）なんて落ちないよ」という感想。「世界チャンピオンより、タッ君が上か？」という素朴な疑問もさめないなか、2回目の試登で終了点付近まで行った信太が「こんなもんっすよ！」と宣う。伸介も賛同ぎみである。私の感では「やや難しすぎる」であったが、ルートセッターの最大の教条は「迷ったら難しいほう」であるからここは大勢に従った。

## オーダーには応えたが

さて「船頭多くして船、山に登る」。現在、世界の競技ルートは短くなる傾向にあるが、このルートは、近来のコンペ史上、最も手数が少ないのに最高到達者でもあと7手くらい残すという、さらに短い距離で決着した。最初から全力、すべてが核心部、どの部分で落ちても非難されない。予定より7人も多く出場したにもかかわらず、予定の半分の時間で進行するというスピーディさ。中間タイムに行なわれたクリーニングさえ、ほとんどの選手が到達できたのは10個分ほどなので、それ以上は掃除の必要がないというお手軽さが時間短縮に拍車をかける。

トランジットゾーンでは異常に速い進行にコンペティターは畏怖し、液体チョークが乾く間もなく順番がやってくる。会場に入ると、ロープが引き抜かれたあとのヌンチャクが、あまりに低い位置で揺れているのを見て生唾を飲み込む。あるコンペティターはグラウンドフォールを覚悟して床の硬さを確かめ、あるコンペティターは哀願するような眼差しで「お願いします」とビレイヤーに運命を託してから床を離れる。

ギャラリーは「まるで相撲のようだ。立ち合いから一瞬も目が離せない」と言い、最初の一手から「ガンバ」の声が飛ぶ。まだ一度もクリップをしていない選手も、その声援にがんばりどころを確信して力が入る。最初の一手から全力を投入する選手の小刻みな体の震えが、緊張という感情に変わり、観客席へとさざ波のように伝播する。

これまでのコンペでは、中ほどまで登ってからようやく本気で選手に目を向けてきた観客たちも、その日は選手が登場すると、すぐ真剣な目つきで一斉にその顔を見る。それはもはや競技ではなく、古代ギリシアのパンクラチオンのように、生か死かの試合に引き出される選手に注がれる眼差しに等しい。一瞬で勝負が決まることもある。観客は興奮しているのか畏れているのか、異様なテンションが会場にみなぎり、その雰囲気がまた選手に緊張を与える。

## リクエストの結末

圧巻は、久々のコンペ出場となった大王（立木孝明）であった。スタートホールドからの次の一手が届かず、で、落ちそうになったときには場内にどよめきさえ起こった。緊張みなぎる衆目のなか、何度か決死のムーブを試みた。しかし、さすがに2タイムス年間チャンピオン（国内）。面目の立つ高さにまで到達したのである。爆笑問題の「リクエストに応ずるのもほどほどに」の教訓が頭をよぎる。「手を触れるものをすべて黄金に」と願ったミダス王も、最後は叶いすぎたリクエストを撤回したのだ。やりすぎにはご用心。

このルートは受け入れられているのか？　最大の関心が心をよぎると、それを見透かしたかのように、いつの間にか背後にいた信太が「東さん、けっこうウケていますよ」と宣う。さらに数分後「誰も文句は言いませんね」と言ってくる。「おいおい、だんだん評価を下げるなよ」と、ひとり突っ込みを入れたくなる。
このセミファイナルを通過したのはファイナリストの常連組であり、結局、実力のある者はどんなルートでも強いという結果になった。しかし、こんなに緊張するコンペは初めてであったが、この興奮を再び、とさらなるリクエストが来たら、それは困る。

件の男子準決勝ルート。出だしから全開モードの渡辺数馬　写真＝小澤信太

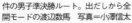

# ああ、クライミングヘボ

めげるな、大物クライマーよ。
大物には、失敗談こそが
伝説に花を添えるエピソードとなるのだ。

## イバラの道も踏み越えて！

クライミングは挑戦し続けるスポーツだ。その対象は、より困難なものであったり、試合の成績であったりするのだけれど、当然、高度なものに成功するほど名声は得られる。したがって、ハードワークしているクライマーほど、失敗の回数も多くなるといえる。

## 偉大な人生は悩みの連続

まず、アメリカの新聞に掲載されたある男の生涯を紹介したい。

小学校を中退した。田舎で雑貨屋を営んだが、破産した。借金を返すのに15年かかった。

妻をめとったが、仕事に没頭すると、かんしゃく持ちの妻に叱られた。帰宅恐怖症になるという不幸な結婚だった。下院に立候補。2回落選。上院に立候補。2回落選。歴史に残る演説をぶった。が、聴衆は無関心。新聞には毎日たたかれ、国民の半分に嫌われた。(『アメリカの心』ユナイテッド・テクノロジーズ社編、岡田芳郎・楓セビル・田中洋訳、学生社刊)

その男の名は、アメリカ合衆国第16代大統領アブラハム・リンカーン。「人民の、人民による、人民のための政治」という言葉で有名な、そして「合衆国の船長」と呼ばれた偉大な大統領である。

このように失敗面だけ羅列すると、いかにもダメ人間に思えるものだが、実はその何倍もの功績をもっているとか、偉大な能力者だということも少なくない。

渡米した日本の学者たちが、偉大な物理学者アンシュタインに面会を許されたときのことである。体がコチコチになるほど緊張して待っていると、アインシュタインはおもむろに実験室に現れた。それから目の前の電気コードをピョコンとジャンプして通ってきたらしい。その行動に、日本の学者たちは一気に緊張がほぐれたとのこと。

さて、われわれも、現在のロックスターたちの輝く業績の間にポッカリと開いたブラックホールのような失敗談を尋ねてみよう。

## 松島暁人

サッカーのゴールシーンでも、クライミングのトライ前でも、霊長類のトップに君臨する種族は興奮すると服を脱ぐ習性があるらしい。今ではクライミングジムの大半に「裸登り禁止」との看板がわざわざ掲げられているほど、クライマーは裸で登るのが好きな人種のようだ。自分の腹筋が横に積み重なっているんじゃなく、縦に割れていることをアピールしたいんだな。昔は容認されていたが、今は試合でも裸登りは禁止されている。なぜかって？　背番号を固定する安全ピンを皮膚に直接刺せる猛者がいないからさ。

ボルダリング・ワールドカップでの過去最高位は2位。松島選手は世界でもトップクラスにいるクライマーで、世界最難級のボルダーも数回のトライで足下にした天才児である。

早熟のクライマーも、高校生時代にジャパンツアーの決勝戦に進出できたのは3年のときの福井大会が初めてだったらしい。初めてファイナリストになった喜び、そして燃えるような情熱に駆られ、試合会場に登場するとバンッ！とシャツを脱ぎ捨て、上半身裸で登りだした。だがその気合が空回りし、数手で落ちてグラウンドフォール。甘酸っぱい青春の思い出である。

## 野口啓代

国際大会に参加する選手に絶対必要な装備は何だと思う？　たとえクライミングシューズを忘れ

ても、裸足では規則違反だが、スニーカーで登ってはいけないとは規定されていない。答えは国旗のついたユニフォームである。ただし、そのサイズまでは制限されていない。

野口選手がワールドカップの海外ツアーに参戦中、日本人選手は男女とも同じホテルに宿泊していた。ミーティングのときに渡された試合用ユニフォームがゴチャゴチャになっていたが、適当にバッグに入れてしまった。翌日、会場で着ようとしたら、バッグに入っていたのは男性用のLサイズだった。試着すると、大きすぎて動きにくいうえ、下着が見えるほどの露出度。コンペどころではなかった。もう一度書こう。ユニフォームの大きさは規定されていない。

さらに2年前のワールドカップ。日本人選手同士の申し合わせで、決勝に残れば「大仏の面」をかぶろうということになった。こういった他愛もない賭けは、場を盛り上げるには最適である。アメリカ大リーグでも「新人選手のロッカーに、私服に替えて女装用の服を入れ、選手がそれを着るしかないようにして、そのまま帰宅させる」なんてイタズラが年中行事になっている。

笑わないことで有名なのはバッキンガム宮殿の衛兵であるが、冗談が通じないことにかけては、クライミングのジャッジはその最たるものだ。機会があれば一度試してみるといい。冥府の神ハーデスの忠犬ケルベロスよろしく、ジャッジがいかに競技規則に忠実かということを、いやというほど思い知らされるだろう。選果場では果物が大きさによってSかMかLかに無機質に選別されるように、ただわれわれは、合法か違法か何の思慮もなく、ごく事務的に振り分けられるのだ。

そのときの大会では野口選手だけがファイナリストになった。そして約束どおり面をかぶってステージへ。ヨーロッパの観客には受けたらしいが、ジャッジは残念ながら宗旨が異なっていた。「大仏様」にイエローカードを突きつけたらしい。

## 小林由佳

競技では当然、決勝戦が花である。選手の誰もが、ワールドカップのファイナリストになることに憧れる。なにしろ、世界中でたった8人だけが立てる舞台なのである。

さて、昨年8月のワールドカップ・バルセロナ大会。小林選手は準決勝を8位で通過し、めでたく決勝へ。そして最も注目の対象となる決勝1番手で会場に登場。すべての衆目を浴びて颯爽とウォールに向かう途中で段差につまずき、コケた。しかしこういう場合は、なぜかすべての観客を味方につけることができるのだ。き、緊張もほぐれるし……。

## 安間佐千

今、最も男子世界一に肉薄しているのは安間選手である。年々その順位が上がっているから、今年はさらに期待したい。その安間選手の話。おととしのワールドカップ初戦の中国大会で準決勝に進出し、オブザベーションで控室にｉＰｏｄを置いたままにしていたら、戻るとそれはもうなかった。これは賞金で取り戻さないといけないと思い、奮戦して、ワールドカップ初表彰台の3位に。う〜ん、強者は常に考え方がポジティブである。

ジャッジが冷酷無比なのは先述した。私が見たのは韓国の高校生の例だ。登りだし一歩が壁の縁に触れたかどうかという程度であったが、彼はただちにストップさせられた。想像してみるがいい。彼もまた韓国内で熾烈な競争に勝ち、初めての代表に胸躍らせ、学校の壮行会では全校生徒の前で健闘を誓い、親戚には餞別をもらい、初めての海外旅行で試合に出たのだ。それが側面をスッとこすった程度で「ストップ！」なのだ。

安間選手の場合も同様だったらしい。２００8年ワールドカップ・ベルギー大会の決勝戦。クライミングシューズが汚れるのを防ぐため、ステージ上を靴下でカバーして歩いてきて、靴下をつけたままスタート。1手目のホールドに手をかけたところで、あっと思い脱ごうとして降りたら、終了宣告。決勝ビリ。「勝負は下駄を履くまでわからない」というが、靴下を脱いだだけで決着がついた勝負もあったのだ。

そういえば、野口選手のユニフォームのところで書き忘れてた。スタッフに頼んで正規のユニフォームをホテルに取りに行ってもらい、難を逃れたとのこと。念のため。

“大仏事件” の証拠写真　写真＝千葉和浩

# ひと言の重み

コーチングには、試合中における
起死回生のひと言が重要である。
そのひと言で局面を打開できるときもあれば、
選手を意気消沈させてしまうこともある。

## コーチングテクニック

以前、伊東秀和選手から「若いころ、東さんのアドバイスが役に立ちました」と殊勝なことを言われ感激した。安間佐千選手が中学生だったときは「栃木にいい選手がいるから、ぜひに」と、コーチとして招聘された。しかし行ってみて驚いた。あまりにも彼の完成度が高かったからだ。そして私は彼にこう教導した。「何も言うことはない」

もはやその年代においての技術完成度は高く、課題である力強さも、今後成長して体力が増せば自然と備わると判断したからだ。

ミケランジェロが大理石でダビデ像を制作していて、ほぼ完成というときに市制長官ソデリーニから「鼻が高すぎる」とクレームをつけられたという逸話がある。そのときミケランジェロは修正する振りをして、大理石の削り屑を撒いただけで鼻の部分に手を加えなかったらしい。それでも長官は、よくなったと満足して帰った。完璧なものに手を加えるのは難しいものである。

昨年、ボルダリング・ワールドカップで世界2位になった村岡達哉選手には、彼が高校生のとき一度、講習会を行なったことがあった。彼の登りと性格には、セオリー離れした、ふてぶてしくもざっくばらんな感がある。だから緊張感なく試合に臨めたのか。ワールドカップで上位入賞者のインタビューに向かう彼にひと言、軽口を投げかけた。「村岡君、インタビューでは『東さんの教えを胸に、がんばってきました』と言ってくれよ」。すると彼はこう言った。「ああ高校生のとき、会ったことだけはあるような気がするけどな」

## ユースの台頭

小田桃花選手がクライミングを始めたのは小学3年生くらいだったと思う。とにかく練習熱心だったのが記憶に深く残っている。そのころにはもう「いつか世界一になる」と言っていたが、その夢は目標に、そして、ほぼ手中にできるところまできたのだから感服する。

小学5年生でジュニアオリンピックに出た小田選手が上位入賞の男子選手にしきりに何かを聞いて、手帳に書き込んでいた。杉本怜選手に「桃花ちゃんとなに話してたの？」と尋ねると「名前を聞かれたっす」と、まんざらでもない様子。小田選手に聞くと、その手帳には「ライバル」と書かれた欄があり、そこには「すぎもとれい」「はかまだなおと」という名前が並んでいた。なんでも、男女の別なく強いクライマーに勝つのが目標らしい。うれしそうにしている杉本選手に、名誉あるページに名を連ねていることを伝えると絶句していた。

その小田選手は今年からワールドカップにも出られる年齢となった。そしてボルダリング・ワールドカップ初出場で2位だった。世界中のコンペティターはおそらく、新しいライバル誕生に驚いたことだろう。海外の選手から「次はどの試合に出るのか？」と尋ねられたとき、帯同していた原コーチはこう言った「彼女はリードの選手だから今年はもうボルダリングには出ない」。この言葉に、海外の選手は再び驚愕したらしい。陸上競技で、マラソン選手が１００m走で世界2位になったようなものだからだ。

若い選手の台頭というと小山田大選手もそうであった。横浜の「ビッグロック」というジムが彼のホームであったころ、そこの壁新聞を見ると二十歳すぎの小山田選手がヨーロッパで行なわれたワールドカップで4位になったニュースが掲載されていた。どのような試合経過で優秀な成績に至ったかということが事細かにレポートされ、地元のヒーローを祝っていた。その最下部の欄外に小さく書かれた文字があったので、なんとなくのぞき込むと「ついでにユージは優勝」。

ああ、さっきの小田選手のところで書き忘れたけれど、野口啓代選手は年間優勝でした。さらに付け加えると2年連続世界チャンピオンの偉業達成。そして堀創選手は年間3位。世界のクライマーが日本に留学しに来る時代がくるのか?

## ユージ語録

2タイムス世界チャンピオンの平山ユージの語録には、なるほどチャンピオンと思わせるような型破りな言葉が並ぶ。足の位置が見えない壁の形状なのに迷わずフットホールドに足を掛けた際の質問には「私は、登ってきたホールドが体のどこの部分にあるかすべて正確に覚えている」と答えた。講習会での「平山さん、ルートに40個のホールドがあると40ムーブなのですね?」という問いかけに対しては「ルートはすべて一連の動きでつないでいるので、1ルート1ムーブだ」など、含蓄のある言葉が多い。われわれ大会運営者を脅かすような言葉もある。「その日の競技成績はウォーミングアップウォールの出来にかかっている」などというのがそれである。

さて、そのチャンピオンのオーラがどれくらいのものか思い知らされたことがあった。競技会場だけでなく、飲み屋でもだ。身分を明かさず店に入ると、2人の女性はさっとユージの横に座る。チャンピオンは黙していても女性たちを惹きつけるものであるらしい。こちらの左右は空いたままである。まるで冷戦時代の東西ドイツのように、テーブルの真ん中に壁があるようだ。西ドイツ側の向こうサイドはにぎやかに盛り上がり、こちらは両手でソファの背中を空しく撫で回すだけである。たまらずベルリンの壁に向かって怒鳴りつけた「おい！　金を払うのはこっちだぞ！」

## モチベーションは何？

私は自社でジムを持っているので、ときたま、気が向いたときにはルートセットをしている。もちろんそのような場合は無給である。ある日のセット中、ジムのスタッフから「さすが東さん。素早くいいルートを作りますね」と言われたので思わず言い返した。「バカヤロー！　金をもらったときのオレはこんなんじゃないぞ！」。そのスタッフは「次、私もチャンスがあればその言葉を使わせていただきます」と、今度はルートの内容よりそのセリフのほうが気に入ったようであった。

## 断言

先日、国体地方予選の競技中にロープの引っ掛かりを直しに行って墜落してしまった。思わぬケースでロープが外れたためであったが、6mくらい落ちて横腹から体育館の床に叩きつけられた。激しい痛みが全身を襲い、床に寝転がったまま義太夫をたっぷりと一曲分は唸ったような気がする。某県のトレーナーが駆けつけてきて、頭部への衝撃を心配したためか、指を3本差し出しながら「何本に見えますか?」などと初期診断を行なってくれた。そして「おそらく大丈夫でしょうが、正式な診断を受けてください」との暫定的所見を述べられた。

Y県の女性H田監督も心配して声を掛けてくれた。痛さで顔をしかめながら「たぶん視神経に異常をきたしていると思う。監督がすごく美人に見える」と言うと、彼女は眉ひとつ動かさず冷酷な口調で「正常です!」と断言した。

若かりし日の（今でも若いけど）小田桃花選手

# クライミングこそ、わが人生

**クライミングジムが200軒になろうとしているように、俄然脚光を浴びだした（?）クライミング業界である。クライミングにかかわる職業を目指すクライマーも多いと思われる。今回はそんなあなたに、クライマーへのハローワーク第1弾。**

2003年に刊行された村上龍の『13歳のハローワーク』中に、すでに国際ルートセッターのことが書かれていたのには驚いた。なにしろ、その当時は国内でも2、3人しか資格保持者がいなかったからだ。現在でも生存確率ギリギリの少数が生息しているにすぎないこの資格は「県知事になるより困難である」といえる。

ただし、今後われわれが地球滅亡まで長生きできても、県知事に就任する可能性は宇宙滅亡より低い。そのような希少種を含め、クライミング業界への求職を考えた場合、就業のしやすさ・収入・労働条件・将来性などさまざまなファクターを考慮する必要がある。

クライミング業界にかかわる職業としてどんなものがあるのだろうか。

## 山岳ガイド

最も華やかそうに見え、人々の憧れの対象としての地位は、彼らが登る山頂よりさらに高い位置にある。特に資格がなくても山行のガイドはできるが、きちんとしたガイド協会のライセンスを保持しているほうが信頼性は高く、評価される。この業界ではいかにゲストを多く抱えているかがキーポイントとなる。王道は海外登山で脚光を浴びる成績を挙げて凱旋し名前が喧伝されることだが、登山技術より接客の上手下手がゲストの多寡に関係する場合もあるらしいから、わからないものだ。

国立登山研修所の講師としてさまざまなガイドが招聘されていて、そこで聞いた話が興味深い。ガイド連中は、午前4時には起床して登山に向かうというのに、午前2時まで宴会を続けるという猛者ぞろいである。Aガイドからは、酒の席とはいえ恐ろしい話を聞いた。「冬山では一人1日3万円もらっている。4人連れて5日間山に入ると60万円の収入。それで年末・年始・成人の日と3回ほど行くと1カ月で200万円の稼ぎになる。体はきついが、もうかるから休んでられねぇ」

また、正反対の話は研修所の女性職員から聞いた。「Bガイドはお客さんが少なく、夏場は山にカブトムシを捕りに行って生活費の足しにしているらしいのよ」

人生ゲームのCMコピーは「億万長者になるか、貧乏農場で働くか」であるが、ガイドは「カブトムシか、1000万円か」である。あなたも浮き沈みの激しいガイド人生のルーレットを回してみるかい？

## クライミングジム

昔は脱サラして喫茶店を開くことが流行った時代もあったが、今風はクライミングジムか？　小規模店で500万円、大規模店で4000万円くらいの初期投資である。山用品店にいわせると「仕入れがないので不良在庫の心配がないところがいい」ということらしい。ジムの建設を考えている方に、私はこう言っている「お客様、この商売は絶対、損はしません。客が来なければホールドやマットはきれいなままなので長持ちします。客が多く来れば早く傷みますが、それだけ入場料が入りますので取り換える資金はあっという間にたまります」

しかし、この条件の組み合わせの配分が最も難しく、ジムのオーナーに経営状態を尋ねると異口同音の答えが返ってくる。「思ったよりもうからないが、悲観するほど損はしない」

ジムが200軒になろうとしているということは、平均して1軒に5人とすると、1000人くらいがこの職種に就いているということだ。つまり就業できる可能性も高いということか？　大阪の林照茂氏に言わせると「常にジムのスタッフは差し入れやラブレターをもらっている」。

実情はどうか？　募集広告の口上は「仕事中以外はいつでも無料で登れます」である。

## クライミングウォール建設業

さて、ご存じかどうか知らないが、私の職業はクライミングウォールの設計・施工である。業界の黎明期からスタートしたので、もう二十数年はたっている。実際の組立作業はパートナーのM山さんに任せることが多い。このM山組のスタッフ募集では次のコピーを使う。「全国至るところにタダで行けます。ちょろっと作業をすれば、あとは近郊の岩場で登り放題！」。ただし実情を知れば、『神曲』を書いたダンテの想像力もまだまだ未熟だったと思い知らされる。

ただ、人生に刺激が欲しいならM山組に入ることをおすすめする。「まだ空調の入っていない夏場の倉庫内でクライミングウォールを造ることは、オーブントースターの中で作業するのと同意語で、体中から汗が噴き出し、減量希望のクライマーには絶好の仕事である。さらに寒風吹きすさぶ鉄骨の上では、上着の風上側には薄氷が張るほどで、金をもらいながら耐寒訓練ができるのは、この職場をおいてない」とクライマーには絶好の環境なのである。

しかし実際に働いているスタッフたちは、ごくたまの休日でも近郊の岩場に行こうとしない。クライミングに誘うと「体が鉛のように重く、地球の重力が倍になったように感じる。休みの日は岩でもプラスチックでも、ホールドというものに触れることに体が拒否反応を示す」と寝床から出ようとしないのである。

そのM山さんに最も過酷な作業経験について尋ねると「そりゃあサンシャインの、徹夜で足場を組んだ作業だったな」と答えた。仕事人で猛者として鳴らしたM山さんが、まさかあの仕事がいちばんきつかったとは少なからず驚いた。なにしろ私も当事者、いや被害者だったからだ。

それは、東京のサンシャインシティに2日間の夜間作業で全国大会用のクライミングウォールを建てる仕事だった。私は現場管理者として帯同していたが、夜10時に警備室に行って鍵を借り、朝9時にその鍵を返すだけのはずだった。パブにでも行って朝方まで血中のアルコール度数を高める作業に励んでも、なんの支障もないくらいの担当であった。しかし残念ながら私は下戸。やむなく作業の帯同者を選んだ、まあ途中は寝ていても、なんの問題もない。

初日の作業はM山さんと鳶作業の親方K沢氏、それと5人の高所作業員で、幅・奥行きともに7m、高さ15mの足場を朝までに組むことである。K沢氏は昭和初期の服を温存していたかと思うようなゲートルに半纏というういでたちであるが、ルックスはさらにすごい。口ひげに丸メガネ、片目がつぶれているという凄みのある顔つきであった。K沢氏を見た者は、まずあたりにカメラが回っていないか見回す。完全にロケ中の扮装した役者だと思うのだ。

さて作業が始まってしばらくすると、M山さんとK沢氏がほかの作業員に猛烈な勢いで檄を飛ばしまくった。「そこはそんな順番じゃねぇ!」「それを先に締める奴があるか!」など、ふたりがかりで次々とまくし立てる。まるで大音量のツインボーカルである。そんなこんなで小一時間は作業していたが、突然作業員5人が「もう我慢ならねえ。帰る!」と言って、あっという間にトンズラしてしまった。あとに残ったのはM山さん、K沢氏、それと私であった。

私にすれば、とんだとばっちり。喝を入れすぎたのはふたりで、私は傍観者だったのだ。それから7人でもキツい作業を3人で朝までかかってやり遂げる羽目に。当初予定した人数というのは効率を考えてのことだ。火事場でのバケツリレーは等間隔に人間が並んでいてこそである。もし2、3人しかいなければ水道栓から火災現場までの往復ダッシュを何度も繰り返すことが強制される。この日の作業はまさにそれであった。

私は思わず、故郷の和歌山に伝わる弘法大師伝説を連想したものだ。串本にある、海中に岩塔がいくつも並んだ「橋杭岩」は、弘法大師がひと晩で向かいの大島まで橋を架けようと、何万貫もある巨岩を山から担いできて海中に立てる作業を続けたという話である。

弘法大師のほうは残念ながら天の邪鬼の横やりによって完遂しなかったが、われわれは朝方には完成した。弘法大師を超えたのだ。

# 高層の死角

建設業の死亡事故では高所作業での
墜落・転落が最も多く、約40％を占めるという。
地上では些細なミスでも、高所では致命的な事態になりうるのだ。
今回は、数十年のクライミング経験がある私が
これまでで最も緊張した瞬間を再現したい。

## ナンバヒップス

大阪には御堂筋というメインストリートがあり、南の起点は「難波」。その大阪ミナミの中心、その名も「難波」交差点に、商業ビル「ナンバヒップス」がある。高さ80ｍを誇るそのビルの地上20ｍ部分にこの春、高さ25ｍのクライミングウォールが建設された。設計と工事管理は私が担当したが、通行人が多い歩道の真上で行なう工事は、これまでで最も安全に傾注したものであった。それでも工事中は安全ネットで建物を覆っていたため、一縷の安心感があった。

安全ネットの中でＴＶ番組のためのルートセットを依頼されたときは、いつものクライミングと同じようにヘルメットなしで、ぶら下がってしまった。それを見とがめたゼネコンの所長が叫んで

くる。「東さん！　ヘルメットだけはかぶってくれ！」。私は所長を落ち着かせようと、きちんと事態を説明した。「所長、大丈夫ですよ。この高さから落ちたらヘルメットをかぶっていようといまいと同じことですから！」

## 重いネット

そんな余裕も安全ネットが支えていた。ところが、5月8日にここで行なうこととなったクライミングの国際マスター大会「ナンバヒップスカップ」のルートセットでは、とんでもない事態となった。

国際大会ということで、今回のルートセットは私と木村伸介、平松幸祐という国際ルートセッター3人で構成。ただ初日の作業は、再び墜落防止ネットをクライミングウォールの前面に張るという、ルートセットとはいえない内容であった。このネットがまた重く、重量は200kgに迫ろうかというほど。5月5日だったので鯉のぼりよろしく、ウォール上部の左右にフックを掛けて3人で引っ張り上げるのだが、中間ほどまで上がって重量がかかってくると、ピクリともしない。3人の体重に匹敵するため、ややもすると、逆バンジーのように3人まとめて引っ張り上げられる危険性もあった。それを滑車の「倍力システム」を組んで、引っ張り上げたころには、その日の作業終了となっていた。ただし、最上部までネットが上がりきらなかったのが、のちの災いとなる。

## 必死？　必殺？

ルートセットをしていくのだが、最上部になるとネットがないところでの作業となる。Ｐ１３４上の写真をよーく見てほしい。

左側に終了点のカラビナがあり、右側に終了点ホールドがある。そしてその真下45ｍのところに、歩道を行く歩行者が見えるだろう。もし、ホールドやボルトを誤って落としたら、何百分の１の確率かもしれないが、彼らの頭にヒットする可能性があるのだ。頭の中を、連想ゲームのようにイメージが駆け巡る。

落下物↓頭にヒット↓死亡事故↓新聞１面↓社会的抹殺。人を傷つけてしまうのが怖いのか？　社会から追放されるのが怖いのか？　人は金のために他人は殺すが、金のために自分が死ぬことはない、といわれている。とすれば、前者のほうの恐怖が先行しているのか？　判然としない恐怖がミックスされて、頭の中がいっぱいになる。

いつもは何事も意に介さず、開拓では磨崖仏の眉間にでもボルトを打つことができるという伸介も、今回ばかりは深刻な表情だし、平松君に至っては「考えが甘かった」という意味不明な言葉を念仏のように繰り返している。作業前には同様に性格の控えめな3人が、美しくも上部の作業を譲り合うのである。

思い出した！　そういえば、作業を敬遠しなければいけない腰の持病があったんだ。

クライマー仲間から「僕はギックリ腰になったので、クライミングは控えるように言われたんです」と告白されたときのこと。彼を勇気づけようと私は言った「僕も腰に持病を抱えているんだ。クライマーとしては致命的なね」と。「どんな持病ですか？」と聞かれたので、正直に答えた。「僕の場合はヘッピリ腰さ」

こんな腰の事情もふたりには通じず、私も作業を担当することになった。まず、ぶら下がる前には、カラビナやドリルなど作業道具がしっかりと装着されているか再度確認。さらには、靴が絶対に脱げないよう、靴ヒモをきつく締める。

ぶら下がって、ホールドを取り出す。断言しよう。時価50万円の名物ですからといわれた茶碗ですら、こんなに大事に持ったことはない。下をのぞくと、平和そうに歩道を歩く人間であふれている。「フフフ、おまえたちの命をオレが握っているとは、毛の先ほども思ってはいまい」などと全能の神のごとくシニカルな想いが胸にこみ上げる。

ボルトを取り出す。絶対に落とせないという緊張感で動きがぎこちなくなり、汗が異常に出てきて滑りやすくなる。全能の神は撤回だ。死神かもしれない。ボルトが手から滑り落ちた数秒後には、誰かの魂がこの壁を登ってくるのだろうか。手に汗をかくから、ノドが渇いてくるのだろうか。ダイナマイトの雷管を扱うごとく慎重に作業を進める。カラビナを外すとき、レンチでホールドを締めるとき、はずみで手からこぼれないかが、いま全宇宙で最も重要な事柄である。

コンペはどのような結果だったかって？　何も落とさず作業を終えられた段階から、記憶が吹っ飛んでしまったんだ。

大会は何事もなく大成功に終わったが……

# 意外な結末

常にクライミングには意外な結末が待ち受けている。
試合でも、ダークホース的な選手が優勝したり、
本命の選手が予選落ちしたりすることが多く、
準決勝で好成績の選手が勝利を意識しすぎて、決勝で沈むこともしばしば。
そして日常の日々にも時として大どんでん返しが待ち受けている。

## プロフェッショナルの敗北

ある地方を訪ねた際、事前に山岳連盟の方から「せっかく来県されるのなら新しいルートを作ってほしい」との連絡があり、空いている時間を利用して、体育館にあるクライミングウォールで作業していたときの話だ。もちろんノーギャラで、行きがかり上の置き土産ってことである。

ひとりでクライミングウォールにぶら下がっていると、若い女性の体育館スタッフから「何をしているのですか？　ここは二人一組でないと使用は許可されていません」と注意を受けた。

こちらは「ああ、それはリードクライミングやトップロープを行なうケースですよ。私はルート

セットしてるだけです」と言ったが、クライミングをわからない彼女にはなかなか承知してもらえない。こういう場合は技術的な説明うんぬんよりも一気に畳みかけてしまうのが一番。時間という祝儀を得るためには、規則に忠実という融通の利かない相手を四角四面の土俵から押し切ってしまうんだ。そして眼下の彼女にこう叫んだ。「私は国際資格保持者ですよ。私が危ないのなら日本で安全なやつはひとりもいない。館長がご存じだ!」と。

すると、その女性はいったん引き下がり、再び現れたときには館長を同行していた。やっと安堵できる。館長とは顔なじみだ。「館長、そのスタッフにきちんと説明してやってください」。すると館長はこう言った。「東さん。この子は言い出したら聞かないんだ。すまんが降りてやってくれ!」

うなだれた私には、彼女がガッツポーズをしていたかどうかはわからない。

## 期待はずれ

夫婦の間柄を良好に保つのは、夫唱婦随である。うん? 婦唱夫随だったかな? ある日、2時間ものの推理ドラマを見ていた。長時間気をもたせたものの、いよいよ終盤に登場人物全員が居間に集うなか、探偵が登場してクライマックスが訪れる。ただし先ほどから家内がこちらに向かってしきりに何か言っているのも気になるが……。刑事が「探偵、それではいったい誰が真犯人なのですか？」と問う。ぐっと画面に身を乗り出す私。その途端に「あなた、さっきから呼んでるのが聞こえないの？」と、家内が横に来て無理やり私の顔を自分のほうに引き向けた。はっとして画面に顔を戻すと、もう遅い。刑事は「なんと、犯人はあいつだったのか」と言っている。そして困惑顔の一家の主人が「まさか！」と言い、意外な犯人に泣き崩れる娘。そして画面には無情にも「ＦＩＮ」の文字が……。いったい犯人は誰だったんだ？

その家内が、翌日クライミング仲間と広島の岩場に行くという。たまたま日程が空いていたので「じゃあ僕も同行しようか？」と言うと「ホント⁉　みんな喜ぶわ」。「そうだろ。著名クライマーと一緒に登れる機会なんてめったにないだろうから」とひとりごちて言うと、こう返事された。「違うわよ。あなたでも私たちの登るルートならトップロープを掛けに行けると思って」

## 幻の新ホールド

国内にある某巨大クライミングウォールは、私の会社とアメリカの会社の合作であった。アメリカのルートセッターでもあるそのスタッフは「ヒガシ、俺は絶対に割れないホールドを考案したんだ」と言いながら試作品のホールド見せてくれた。

「それはすごいじゃないか。ちょっと触らせてくれ」と手を差し出した途端。「こんな衝撃でも絶対に割れないんだ！」と、彼はそれをアスファルトにすごい勢いで叩きつけた。そしてそのホールドは十数メートルもはずんで、水音とともに近くの田んぼの中に消えていった。そして彼は言った。「すまん。あれ1個しか持ってきてなかったんだ」

## クレーム対応

国体にはそれぞれマスコットがあり、一昨年の千葉国体はチーバ、昨年の山口国体はちょるる、今年の岐阜国体はミナモというのが正式マスコットである。数年前からボルダリングの試合では、そのマスコットのFRP製巨大ハリボテを設置して、試合に花を添えていた。ただし正式なクライミング競技会では、ウォールの中に貼っていいマークは制限されていて、特にクライミングウォールメーカーのマーク以外は掲載してはいけない規則になっている。

昨年の山口国体でもボルダリングにはマスコットハリボテがあったものの、リード競技には何も用意されていなかった。それも寂しいと思い、1mほどのチョルルのシールを1枚だけリードウォールに貼るよう、ルートセッターに頼んだ。厳粛な国体の壁にアニメ的マスコットは許容されるかとコワゴワであったが……。

はたして、リード担当セッターのアキト（松島暁人）が走り込んできて「東さん！　チョルルの件で大会役員からクレームがつきました！」と言う。「ああ、やっぱり認められなかったか」。するとアキトからは意外な返事が。「違うんです。少なすぎるからもっと貼れって」

## 物々交換

このほどルート開拓全県制覇の偉業を遂げた北山真氏の祝賀パーティが日本青年館で開かれ、関係各界の著名人が集まる盛大な会となった。当然、主人公は北山氏であるが、もともとエゴの強い開拓クライマー連中が多かっただけに、それぞれの自己主張は激しい。

司会の私が「日本でいちばん高グレードのルートを作ったのは平山ユージです。ちなみに私は一日5ルート作ったときが4回あるので、一日最多開拓者です」と言うと、國分誠氏は「俺は450本以上も作っている。最多本数だ」と怒鳴ってパーティの首席を奪おうとしているし、ジャック中根は「俺なんかボルトを打ったまま登ってないルートが数十本ある」と。故K藤氏が生きていたら「俺はルート開拓のため数百本の木を切った」と息巻いていただろう。摩崖仏の眉間にもボルトを打てる男、木村伸介は所用のため欠席だったが。

さて、その北山氏と奈良県のとある岩場へ開拓に行ったときである。私は数本のルートにボルトを打っていて、もはや初登をするのみであった。
北山氏は難しめのを一本作って初登を目論んでいたが、その日のうちに登るのは困難と察し、ある奇想天外な提案を持ちかけてきた。「君の未登のやさしめルートと、これを交換しよう。設定初登で1本だが、それは同一ルートである必要はない。よって同エリアの未登ルートの交換は成立するのだ」

上／かくして、ちょるるでいっぱいの山口の壁
下／全県制覇記念トロフィー。東秀磯作成

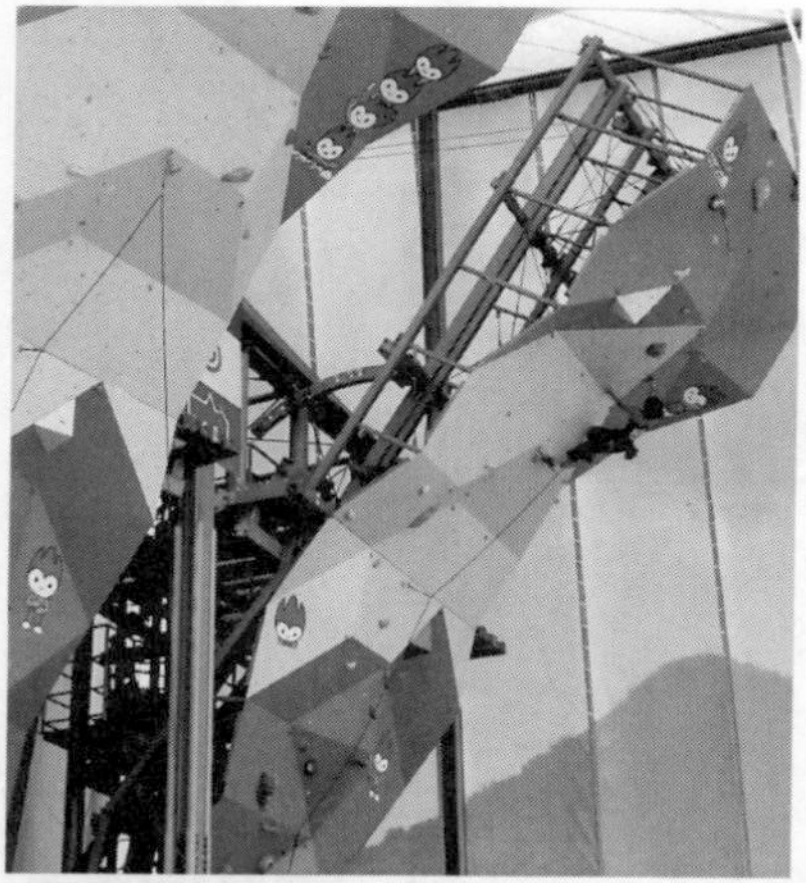

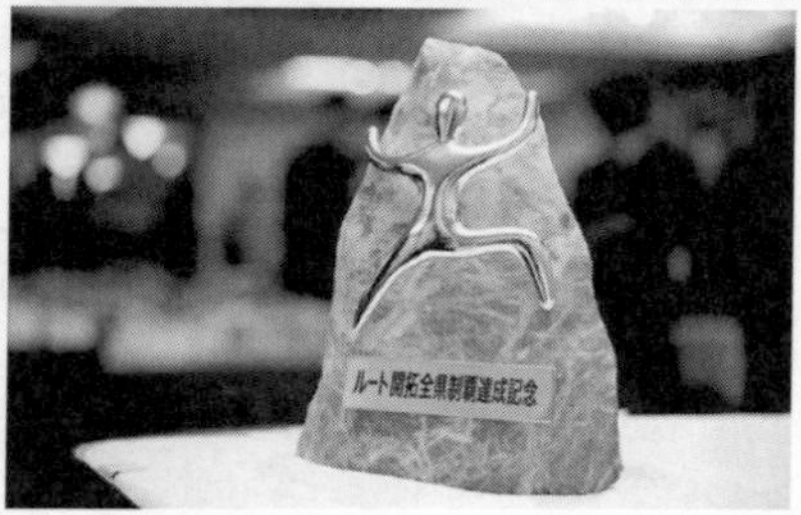

# 美女、なんばに集う

今年も、なんばヒップスカップは話題が十分であった。
なにしろ招待試合であるため、招聘選手は主催者側が恣意的に選択できる。
基本的には国内外のトップ選手を招待したのであるが
とりわけ女子は、ルックスで選んだのではないかというくらい
見目麗しい選手が集まった。

## 女性クライマーの饗宴

筆頭は「世界一のキューティ」の噂が高いサーシャ・ディジュリアン。人が犬に噛まれてもニュースにならないが、人間が犬を噛んだらニュースになるという。サーシャみたいな美人は、たまにはいるだろう。また、女子でも5・14ａをオンサイトするクライマーはいるかもしれない。しかしサーシャは、その両方を兼ね備えているのだ。

さらに美人選手は続く。「登るフランス人形、アンゲラ・アイター」(ん？　オーストリア人か？)、「彫りの深いヨーロッパ美人、マヤ・ヴィドマー」(スロベニア)、「意思の強そうなビューティーファ

イター、シャルロット・ドゥリフ」(フランス)、「〝黒い瞳のナタリー〟の面影があるキャサリン・チューン」(スイス)、「韓国でスマートフォンのCMに出ているキム・ジャイン」(韓国)らである。いやいや、日本選手も負けず劣らずであったと加筆しておこう。

なんばヒップスカップは今年の国際大会のなかでふたつの「最高」がある。ひとつは賞金額の1万ドル。もうひとつは、地上15mのテラスから長さ25mのウォールを登るので頂上までは地上40mの高さがあるということだ。ひとつ目の高さは選手に大歓迎されるだろうが、ふたつ目の高さはルートセッターにとって難題でもある。

しかしセッターもややリラックスできるのは、この大会が招待試合であり、ワールドカップのような厳正な競技とはやや趣が異なるからだ。なにしろワールドカップともなると、大会期間中は日本の選手と話をすることも憚られる。ある大会で「ルートの秘密をしゃべっていないか、日本語では判断しがたいので、日本選手とも英語で会話しろ」と言われたことがある。ならば、と試合中に海外のコーチとずっと雑談していたら、審判からそれも注意されたくらいだ。

## スシorしゃぶしゃぶ

さて、この試合の前々日、アイソレーションエリアとなるグラビティリサーチなんばへ下見に行くと、海外選手のサーシャ、マヤ、エデュー（スペイン）、ビクトール（同）がトレーニングをしていた。彼らに「ここは私の地元だから夕飯に招待しよう。何か食べたいものがあるか」と声をかけると、エデューは「日本の料理が食べたいな。昨日はスシを食べたからスシはもういいや」と言う。

おお！　ラッキー。値段の高いスシを食べたいと言われたら大変なことだった。しかし彼は、さらにこう言う。「友達から『しゃぶしゃぶ』というのもおいしい料理だと聞いた」

なに⁉　そっ、それではスシより高くなる可能性もあるではないか。そこでこちらから一案を出した。「君たちは幸運だ。大阪はお好み焼きというおいしい食べ物の本場だから、それを食べに行こう」。皆は「しゃぶしゃぶと、どちらがうまいか」と聞くので、ほとんど同じくらいだと言ってごまかした。

かくして、お好み焼き屋に乗り込んだところ、エデュー、ビクトールはビールもOKだという。しかしマヤとサーシャ（未成年？）は「ノーサンキュー」。さすがに1万ドルの試合前である。節制こそ選手の持分。ところがマヤはこのお好み焼きが気に入ったのか、男性陣よりもずっと多く食べていた。それではビール1杯のほうがマシだろう……。

以前シンガポールでのワールドカップの朝、アンゲラの朝食を見るとハムとレタス1枚ずつであった。勝負は勝ったものの理論が正しくなるのだ。減量か？　スタミナか？　簡単には判断しがたいものである。

## 競技開始

さて競技である。女子ルートはゴールまで25ｍ、53手。３番目登場のキャサリンが最後まで粘りのクライミングを続けて47手でフォール。それを小林由佳が２手超えて暫定１位。その次がサーシャ。スレンダーなスタイルそのままのスムーズで速めのクライミングながら、判断よくすべてを正解ムーブでつないで、最終ホールド１手下の№52にタッチ。しかし今年のレギュレーションからはホールドタッチのマイナス記録はなく、51＋という記録になる。サーシャが「グリーンホールド・タッチ？」とつぶらな瞳で確かめに来たので、思わず審判に「すまんが、この子だけタッチを認めてやってくれ」と掛け合ったが無視されてしまった。

次は小田桃花。まじめでひたむきな性格そのままに、的確にキチキチとムーブを決めて登り、サーシャと同ホールドにタッチ。この選手は山口国体で優勝した日も、同夜にそのままトレーニングしていたが、この日も練習のため、パーティを中座して帰っていった。来年は頂上までの２手を必ず埋めてくるに違いない。

最後から4番目が、女子では長身のシャルロット・ドゥリフ。アイソレーションエリアでは床に大の字になって寝転んでいたが、その大胆な振る舞いそのままの大味な登り。さらにバタバタと足を何回か置き直すシーンもありながら、驚異のスタミナでなんと完登。競技時間10分のリミットを、残り18秒まで使用しての際どいタイミング。登り終えるなり、すごい勢いで「時間は間に合った?」と聞いてきたので、「20秒ばかり戻しておいた」と言えば多少は恩を売れたのに、その機会はなかった。

次のマヤは27歳。積み重ねた競技歴がそのまま備わった実力を示す。さらに、筋肉のデフィニションがよく出た絞り込んだ体でテンポよく登り、3分も残して完登。やはり最後はお好み焼きの摂取量が効いたか。

ここで登場したのは、3連続世界チャンピオンに輝いたアンゲラ・アイター。一定のペースでよどみなく、いかにも体重が軽そうな登りを展開し、5分55秒でフィニッシュ。ここで同記録なら時間の早いほうが優先されるという競技規則により、暫定1位に浮上。登り終えるとサッとレッドブルの帽子をかぶるあたりが、いかにもプロプレイヤーといった趣である。グレードの感想は5.13aとのこと。調子がいいのだろう。

最後に出てきたのは昨年の覇者キム・ジャイン。下部の5.11cのセクションを5.10くらいの登りで、上部5・12後半のパートは5・11bくらいで軽々登り、5分46秒でゴール。アンゲラとは9秒差でこの大会2連覇を決めた。しかしグレードの感想は5・13b／cとのこと。それをあんなに楽々と。25mといえば8階建てビルに相当するが、われわれでは階段でもあれほど楽には上れないくらいのスムーズさであった。もしカメラマンがジャインのスタートを撮影したあと、階段を駆け上ってゴール地点で待ち受けようとしても、彼女はその時間のうちに、普通のクライマーにとっては生涯の記録となるようなそのルートをすでにあっという間に登り終え、地上にロワーダウンしているだろう。

ああ、もう誌面がない。えっ？　男子はどうなったかって？　そういえばそんなカテゴリーもあったな。若葉が美しいイチョウ並木の御堂筋を埋め尽くした観客から、この日一番の拍手を受けながらガッツポーズを決めていたのは、ただひとり完登で優勝を決めた安間佐千だった。

やはり、大阪といえばお好み焼き

# 国体に出よう

ひと昔前に比べ、今の国体は
全国の実力選手が出場する
クライマーの一大イベントになっている。
そんな国体を運営している筆者が
その側面（裏面？）を紹介する。

## 礼儀正しく

国体ともなると、一般の市民が多く観戦している。また、近くの小学校から課外授業として観戦に来る児童たちも多く、今年のぎふ清流国体でも、たくさんの小学生が会場を訪れてくれた。そんななか、役所の国体担当者は「東さん、私は小学校に行ってクライミング競技では『ガンバ』と言って応援するということを教えてきました」と胸を張る。なるほど、いたいけな小学生たちが、どの選手にもありったけの声で無邪気に「ガンバ!!」と叫んでいる。

しかしである。最近、書店で平積みになっている『日本人の知らない日本語』という正しい言葉使いを紹介した本によると、目上の人に「がんばれ」と言うのは正しい使用法ではないというのだ。正しくは「お疲れの出ませんように」と言うらしい。したがって皆さん、コンペでも自分より年上の選手には「お疲れの出ませんように!!」と叫ぶのですぞ。

## ルートセッターの選択

今回のセッターには、京都にジムを構える黒住樹人(元リード日本チャンピオン)も招いた。理由は、同い年の岡野寛との掛け合い漫才がおもしろいからだ。しかし、これが間違いのもとだった。久しぶりの旧友との作業に非常にハッスルしたのはいいが、この異常なテンションは期間中ずっと続き、ホテルでも、平島元も加わって3人で夜遅くまでクライミング談義で盛り上がっていた。大部屋なので私は眠れず布団をかぶって耐えていたが、ふと時計を見ると午前3時である。「いい加減にしろ! 明日は6時起きだぞ!」

さらに、今回も招聘した小澤信太が混乱させる。実力が不足しているのではなく、反対に、微妙にありすぎるのだ。成年男子予選の最終課題は設定が初/二段であった。居並ぶ実力セッターが試登で苦戦している。「でも、ケイタも、村岡も、レイも、ツクルも出るのだから難しくないと……」と悩んでいると、信太はシューズも履かずに登ってしまった。「いくらなんでも信太が靴下のままだもんな。よし、これで出そう」とGOをかけた。試合結果は完登ゼロ。この選手への死刑執行人もしくは地獄の料理番、小澤信太をやはり信用すべきでなかったのだ。

## 誤解だと思います

ボルダリング担当班は5人のセッターで32本の競技ルートを作る。それぞれ担当ルートをセットし終わったあと、セッター全員で各ルートを登って調整していく。

私の特徴は（ルートの内容やグレードの正確性は別として）セットが速いことである。たいてい、ほかのセッターの半分の時間で作業が終わるのだが、みんなそろわないと試登ができない。例によって試合会場内を手持ち無沙汰でブラブラしていると、担当の役人が来てこう言う。「昨日から見ていると、ほかの人が一生懸命働いているのに君はいつもサボっているな」

全国から集まった著名なルートセッターたち

## もっと謙虚に

今年のボルダールートで最も観客の関心を集めたのは、私がセットした成年男子3課題目であったと思う。大ハリボテを連続させた贅沢なルーフ帯を抜けてからマントリングを行なうのであるが、このマントルムーブは「ひざを使うムーブ」を行なわないとうまくいかない。ただ、クライミングでは「ひざ」を使って登ることは最も格好が悪いとされている。プライドを捨ててその動きを選択できるか、カノッサの屈辱とともに世界史に残る屈辱が試される場面でもある。

さらに、狭いハリボテ上に縮こまり、頭をハリボテにこすりつけるさまは「土下座」しているかのように見える。それがまた観客には真横から見える体勢なのでサービス満点。実は私が設定した段階では左からも終了点に到達できる2WAYになっていたが、岡野寛が強引に終了点を右に移動させたため、もう土下座でしか解決できなくなっていた。かくして、尊厳をもってそのムーブを回避したワールドカップ2位の村岡達也などの実力者も、予選突破ならなかったのだ。謙虚な姿勢が明日を開くのである。

## おばさんDJ

競技中、私は放送を担当していた。その横には女子高校生2人が同じく放送担当であった。今回の高校生はこれまでの国体ではいちばん素直で清純そのもの、これじゃあ、いやが上にもモチベーションが上がるというものじゃないですか。張り切りすぎるのを抑えるため、トランキライザーを飲もうかと思ったくらいである。

その放送中、CDを替えて席に戻ると、私の体と心は思わずイスから滑り落ちそうになった。さっきまでの女子高生の姿が消え、代わりに野村沙知代を彷彿とさせるような髪を赤く染めたオバさんが横に座っていたのだ。理由を聞くと、台風接近で警報が発令されたので高校生ボランティアには帰宅命令が出たとのこと。急にしぼんでいくモチベーション。その瀕死のモチベーションを心臓マッサージで蘇らせ、今度はカンフル剤（強心剤）で必死に復活させて放送を続けた。

そして試合はクライマックスに。立ち見の観客も大勢いて場内の雰囲気も最高潮に達したとき、「いよいよ優勝候補の選手たちです。ゴールに非常に近いところまで来ました。さあ、あと一手、取れるかどうか……」と放送していると例のオバさんが急に割り込んできて、テンションの低い声で「忘れ物のお知らせをします。黒いボールペンが……」としゃべりだす。それもご丁寧に2回繰り返して。アナウンスが終了するとっくの前に、選手は登り終えて試合は小康状態。

さらに有力選手の場面で「このランジ、成績を左右する大きな瞬間です。飛んだー……」とやっていると「係員駐車場に車をお止めの方に……」と、これまた試合に関係ないことを低いトーンで割り込んでくる。何回かの攻防後、こちらの我慢も限界となり、「すいません空気を読んでくださいよ、空気を」と興奮して猛抗議。かくして試合中の血圧は乱昇降、ああ、お疲れの出ませんように……。

炸裂する土下座ムーブ

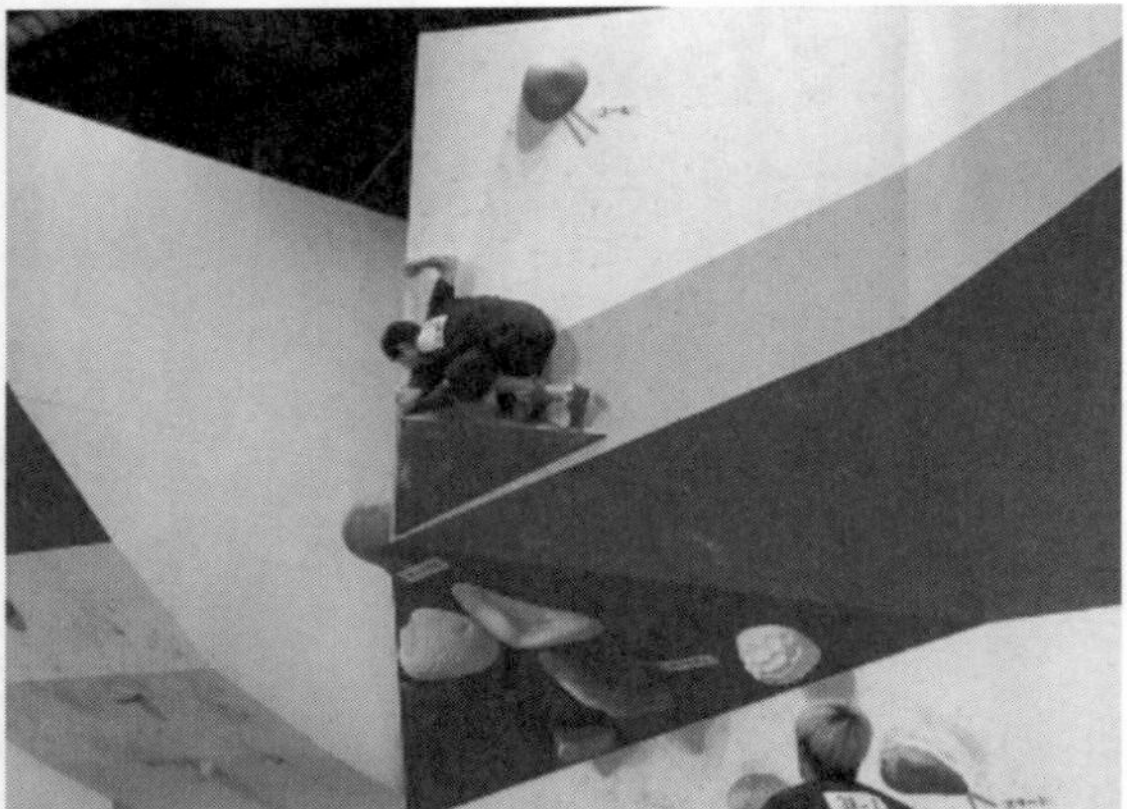

# 2013-2016

# メンテナンスの話（その1）

クライミングではいろいろな道具を使用する。
使い込んだ道具はしっくりなじんでパフォーマンスを向上させるが、
適切な手入れをして道具の性能を維持させることも重要。
今回はメンテナンスに関する話である。

クライミングをすればどうしても道具が傷むので、メンテナンスが欠かせない。メンテナンスは面倒な作業ではあるものの、クライミングシューズを自分仕様に改良したり、カムやクイックドローを整備したりしながら未知のルートに思いを馳せるのもまた、メンテナンスの楽しみである。さらにロープやシュラフ、テントなど大物のメンテナンスとなるとほとんど一日が費やされ、実際のクライミングとは関係のないことに時間がかかってしまう。しかし、これもまたクライミングライフの一部であり、道具への理解が深まるこの行為は、さらなる活躍へのステップなのである。

さてメンテナンスは、小さな部品からクライミングウォールなど大型の施設にまで及ぶが、後者の場合は専門家に委ねられることが一般的である。私もたびたび施設のメンテナンスを行なうことがあり、プロに委託される作業は安易な内容でないことが多い。

## 国体での業務

国体にはクライミング競技があり、毎年、競技運営やルートセットを担当している。そしてその業務は、設計図や仕様書に記載されていない範囲にまで及ぶ。いや、主催者側から「業務委託」の名のもとに無理やりこじつけて付加されているような気もするが……。国体でわれわれは「ルートセッター」として従事する。ただし、開催市町村の担当者には、それは「特殊高所作業員」とほぼ同義語らしい。

岡山国体でルートセットしていると「役場の国旗を揚げるポールの最上部の滑車が壊れてしまって……」と役員に呼ばれた。「ハァ？　それはセッターの仕事ですか？」と尋ねる間もなく、数キロ離れた町役場まで高所作業車をドライブする羽目に。これまでも建物の樋の落ち葉を取ったり、軒の穴からにフクロウが入るのを防止するネットを張ったりと、便利屋稼業には暇がない。

大分国体では競技会場内に大きなイチョウの木があった。国体室長から「このイチョウは秋になるとギンナンを多くつけるが、それが下に落ちて踏みしだかれると観客は臭くてたまらんだろう。今のうちに枝を全部払っておきたい」とのリクエスト。「それはルートを作ることといかなる関係が……?」などと尋ねる権利はない。ウォールよりもさらに高い20m以上のイチョウに登り、切った枝と共に落ちることに怯えながら、すべての枝を切り落とした。もっとも、木の上の作業で「セルフビレイ」や「大きな枝をロワーダウンで降ろす」といったクライミング技術が活躍したことは言うまでもない。

新潟国体の会場となった体育館は築30年くらいの古いもので、玄関ポーチの屋根には苔が多く繁茂しており、国体会場としてみすぼらしすぎた。役所の許可を得て分厚い苔をクワでかき落としたが、その出来映えが非常によかったらしい。この成果に気をよくした役所の方には「セッターは高いところの作業はなんでもできるんだ」のイメージが生まれたらしく、この機会に体育館の壁全体も丸洗いしてもらおうとの考えがふつふつと湧き上がってきたようだが、必死でなだめ、すんでのところで思いとどまらせた。

山口国体の会場は風光明媚な山の麓に位置していた。自然が身近ということは、自然なる産物も多いということである。そこにはスズメバチが多く跋扈していたので、そのハチ退治のミッションを受けた。「選手や観客がハチに刺されたらどうするんだ」は「テクニカルインシデントを未然に防ぐ」と同意味らしい。雨合羽を着用し、頭にはハチよけのネットをかぶり、さらに手首足首をガムテープでぐるぐる巻きにして弱点をなくし、クライミングウォールで奮闘した。その勇姿を、練習に来ていた安田あとり選手が自身のブログに掲載してくれたが、惜しむらくは、写真はどうしても「パンティストッキングをかぶってウォール上で不審な行動をしている人物」にしか見えなかったことである。

岐阜国体では、会場となった公園のタイルが剥がれていたのでコンクリートを練ってはめ直すことを強要され、今年の東京国体では、市有地の境界を越えて民家の窓のほうに伸びていた樹木に登り、その枝を切り落とすことが任務とされた。作業中の光景が「木に登り、民家の窓に迫っている人物」以外に見えたらご喝采。ああ、このメンテナンスはどこまで解釈が広がるのか。

## 異なる価値観

あるとき、市立の「山の家」の屋外に備えられたＦＲＰ製ボルダリングウォールのメンテナンスを依頼されたので、福岡の枝村康弘君と出かけていった。作業前に管轄の所長にあいさつに行くと「何時に終わるのか」と尋ねられたので「夕方には終わると思います」と答え、軽く作業手順も説明した。

目的の施設は開設以来一度もメンテされていないらしく、ミズゴケとホコリと紫外線による退色で、見るも無惨な姿であった。枝村君も「これはひどい。今日一日で直せますかねぇ？」と自信のない様子である。思案の揚げ句、ありきたりの方法では終わらないと思い、意を決して麓のホームセンターに高圧洗浄器を買いに行った。午前中はたっぷり買い物に費やし、作業を始めたのは午後になってからだった。

しかしそこからの手当ては速かった。高圧洗浄器は大きな成果を発揮し、ウォールは見る見るきれいになった。また、色あせたホールドやウォールにラッカースプレーで再塗装して、破れたパネルも復旧したとき、金色燦然たる輝きのもと、新品同然によみがえったのだ。

枝村君は感激し、「東さん、これはこの10年間のメンテでも最もうまくいった例じゃないですか！」と言う。私もウンウンと満足げにうなずいた。古来、人類には数々の成功例があるものの、成功とは名ばかりで、成果にしてはごく小さな例が多い。ライト兄弟が飛行機での人類初飛行に成功したというが、実際はほんの12秒間飛んだだけであり、「はやぶさ」が小惑星のイトカワから持ち帰った惑星の断片は直径1㎜程度の微細なものだった。然るにわれわれの成果を見よ。この朝に見たみすぼらしいウォールはもう、新品と見間違うごときのそれではないか！

枝村君は「所長に見てもらいましょう。きっと心待ちにしているでしょうから」。オリンピックの金メダルやワールドカップでの優勝などと同等に、われわれは何かを成し遂げた者の晴れやかさいっぱいの気持ちで管理室に向かい、所長をウォールの前に案内した。そしてその口からいかなる感嘆の言葉が飛び出すかソワソワして待っていると、所長はテンションの低い声でこういった。
「何時に終わるんだ？」

新潟国体では体育館の屋根の苔を撤去

# メンテナンスの話（その2）

前号に引き続き、メンテナンスの話である。
クライミングに関する最も大規模なメンテナンスは
クライミングウォールの保守点検であろう。
その作業に使う高所作業車は非常に便利な機械であるが、
意外な落とし穴も……。

## 最終的脱出作戦

クライミングウォールのメンテナンスでいちばんキツいのはホールドの位置交換、つまりルートセットである。しかし、そのつらい作業も高所作業車があれば勇気凛々。高所作業車こそ、ルートセッターの最も頼りになるパートナー、莫逆の友である。いまや、これなくしてスムーズな作業はあり得ない。

木村伸介とO県でルートセットを行なったときのこと。ふたりで高所作業車に乗り、まず既設のホールドを回収していた。高所作業車の制限荷重は200kg。伸介と私の体重なら、あと100kg

分はホールドを積めるはずだった。下から順にホールドを外しながら上がっていくと、地上10mくらいのところで作業車から「作業半径が限界です」という電子音声が流れたあと、ゴンドラが降りなくなった。ホールドを積みすぎたのである。

焦って操作盤のレバーを押したり引いたりすると［伸・縮］［起・伏］［右旋回・左旋回］のなかで唯一「起」だけが反応した。とりあえず何も考えず、機能する操作だけ行なうと、ゴンドラは垂直に立った状態からうんともすんともいわなくなった。

人間はパニックになると後先を考えず、いま作動することだけ行なってしまう生き物である。それが、のちに悪い結果になろうとも。すると伸介は「あーあ、もうこんなにしちゃって。どうやって脱出するんですか？」と最も痛いところを指摘する。当然である。そこで考えたのは、ホールドを投げ捨ててゴンドラを制限荷重より軽くすることであった。しかしクライミングウォールの下はアスファルトであり、50mは遠投しないと土の部分はないので、この方法はすぐ諦めた。

携帯電話は持っていないし、垂直に立ったブームのフリーソロ・クライムダウンは危険すぎる。われわれは世間から隔絶された状態となった。体よく(?)いえば「遭難」である。古来、多くの国際的な冒険家が未開の地に挑み、ある者は標高何千メートルもの風雪吹きすさぶ山岳で、ある者は陸から数千キロも離れた嵐の大海で、遭難の危機に瀕しただろう。しかし、われわれ国際ルートセッターにして、たった地上10mで身動き取れずにいるのだ。歴史上最も不名誉で貧弱な遭難であった。そして、われわれはついに最後の手段に懸けた。誰か通りかかるまで、馬鹿面して待ち続けるという……。

## 高所への試練

あるとき高所作業車でルートセットしていると、子供のクライマーたちが「東さん、それに乗っけて！」とやってきた。ちょうど仕事も終わっていたので、作業車は急きょ遊園地へと早変わり。子供たちを怖がらせてやろうとぐんぐん高度を上げていくと、「わーい、すごい！」と反応は上々。しかし、高さがクライミングウォールの頂上である15mを過ぎると、こちらのお尻がソワソワしてきた。動悸を感じ、地上がかすんで見えてきた（これは単なる高さのせいか？）。ここ数年はクライミングウォールの頂上より高いところに行くことは少ないためだろう。子供たちは「もっともっと」と、はしゃいでいる。ついに高さは22mの限界に達した。もはや長く細いブームに支えられただけのゴンドラは、頼りなく左右にゆらゆら揺れている。

私は分別ある大人である。作業車を支えるアウトリガー（車体横に張り出したジャッキ）が不等沈下したら、あっという間に転倒するし、機械が突如故障して降りられなくなる可能性も考えてしまう。しかし子供たちはあくまで無邪気である。「すごい、すごい」と言いながらゴンドラの中でジャンプを繰り返すのだ。なんという恐ろしいことを！「こ、こら、ゴンドラの中で騒ぐんじゃない！」と恐怖に引きつった声で叱りつけ、「ま、まだ仕事があるからそろそろ降りるぞ」。もっといたい、という子供たちのリクエストは無視して、下降レバーに必死でしがみついたのだ。

## 再びの脱出作戦

真夏に山間部のとあるクライミングウォールで、ひとり作業していたときである。ゴンドラの制御コンピュータが故障して高所作業車が動かなくなった。しかし人間は進歩する動物である。前回の事態を教訓にして、今回は携帯電話を持っていた。「へへへ、ざまぁみろ、備えあれば憂いなしだ」と、勝ち誇ったような独り言とともに、救援を呼ぶため携帯電話を取り出した。電話は「圏外」であった。

「圏外孤独」、などと冗談を言っている場合ではない。真夏の太陽はジリジリ照りつけ、前回の「ひたすら待つ作戦」はすぐに悲鳴を上げた。意を決して、ブームをフリーソロで降りることにした。昔行なった木登りよろしく、鉄製のブームを両腕と両ひざで抱きかかえながら降りようとすると、異変はすぐに起こった。なんと真夏の直射日光の下で、鉄板は80℃近い温度になっていたのだ。Tシャツ姿で作業していたので、鉄板をかかえた前腕は皮膚がむき出しのまま。さらに、ただでさえ汗で鉄板が滑るので、必死にしがみついて降りるしかなかった。「あっちっち！」。あまりの熱さに思わず、抱きかかえた腕を緩めると、今度は急激に滑り落ちそうになる。仕方なく全力で、灼熱の鉄板に抱きつく。「あっちっち！」。ああもう、郷ひろみのゴールドフィンガー'99熱唱の世界である。最終的には地上にたどり着いたものの、前腕は火ぶくれでズルズルであった。

作業車は下部の操縦装置で操作できた。コンピュータをリセットして、もう一度ゴンドラで上がっていった。今度は懸垂下降の用具を持って。人間は何度も痛い目に遭ってこそ、進歩する動物である。

どうか機嫌よく動いてください

# メンテナンスの話（その3）

メンテナンスに要求されるのは
作業の正確性と安全性である。
しかし、そのふたつを兼ね備えるには
多くの経験が必要となる。
……私のように。

## 規律と効率

高所作業車は高い場所でもホールド持参で床に足をつけたままセットできるが、これは高所作業の一種となる。法律というのはずいぶん煩雑なものだ。ルートセットでの試登はスポーツの範疇のため、ロープにぶら下がるクライマーにはヘルメットをかぶる義務はないが、高所作業車に乗り込むと労働安全衛生規則でヘルメット着用が義務付けられる。

ある日、沖縄でルートセットすることになった。私は高所作業車の免許を持っているのに、このときは主催者によって別に電気工事会社から操縦士が手配されていた。南国だからと気楽な気分で、クライミングできる軽装のままバケットに乗り込もうとすると、雰囲気ゴルゴ13といった男が、これからＣＩＡ本部かペンタゴンに侵入しようかというくらいの完全装備で仁王立ちしていた。そしてこちらを見て「指導しがいのあるやつが乗り込んできたな」というふうに不敵な笑いを浮かべながら「君もヘルメットをかぶって、安全帯もきちんと締めてくれ」と、ごもっともな指導。「いや、中間からロープにぶら下がりますから」と言うと、信じられないというような顔つきで「私との作業では規則は守ってもらう」と。彼は安全義務の戒律を掲げ、世界中の誰ひとりとして不安全行為は許さないとの誓いを胸に異教徒との聖戦に臨む戦士だった。私は、つっかけでそのへんを散歩する気分の出で立ち。判定は戦士の右手を高々と挙げた。仕切り直しでクライミング用のメットとハーネスをつけて上がると不審な様子であったが、不承不承、搭乗を許してくれた。

そして高所作業車の手すりから身を乗り出してホールドを付けようとすると「不安全行為はいかん！」と制止する。そのため30㎝四方くらいしか作業できず、小刻みにバケットを移動することになる。

さらにバケットを操作するたびに大声で「右よし！　左よし！　下方よし！　上方よし！」と指差喚呼するのである。かくして、ホールドを付ける30㎝ごとに、当然のごとく「右よし！　左よし！……」を始めるのだ。私は「あ〜、また右よしかよ」と辟易し、「つい数十秒前に確認したんですから、いいじゃないですか」と言っても「規則ですから」と言い返される。彼が正しい。

このときの私は、度重なる確認作業で時間をロスしたため、焦りながら作業をしていた。さらにホールドを左右不規則に配置するため、バケットの中を頻繁に行ったり来たりするものだから、とうとう狭いカゴの中でふたりの安全帯が絡み合い、身動きがとれなくなった。そして思わずバランスを崩して、安全帯が絡んだまま、図らずもゴルゴ13と抱き合う形になってしまった。ふと下を見ると、大勢の人が興味と疑いの目でわれわれを見つめていた。

## ミッション・インポッシブル

あるクライミングジムでルートセットしていたときのことだ。左右2基あるクライミングウォールの天井はガラス張りになっていた。そのため、ビルの屋上からクライミングウォールの背面鉄骨が見えるので、オーナー側から美観保護としてシートで目隠ししてほしいとの依頼があった。

資材を持って上ると、クライミングウォールの上は火災予防のために石膏ボードが張られていた。この石膏ボードにはほとんど強度がなく、耐荷重的には大きなウエハースを載っけている程度である。したがって、その上に乗っていくためには、石膏ボードの下にある木桟（もくさん）の幅のみをたどるしかない。50㎝の格子状になった木桟の場所は石膏ボード上の釘の位置でわかる。ソロソロと地雷を避けるように、釘の位置を頼りに歩いていくのだ。もし踏み抜きでもしたら大変な修理を要する。

さて、問題はその強度ではない。とにかく暑いのだ。いや、人生でいちばん暑かった。天井はすべてガラスなので、クライミングウォールの上はサンルーム状態。真夏の直射日光を受けて猛烈な暑さであった。夏のダッシュボードの温度は70度を超えることもあるというが、おそらくそれに近かったと思う。こんな場所で10分も滞在すると熱中症まっしぐらである。その夏も、作業員が熱中症で亡くなったというニュースが珍しくなかった。私はその統計の数字をひとつ上げる候補リストのトップに躍り出たのだ。

クライミングウォールは2面あり、右壁の頂上が1mほど高くなっていた。左壁から右壁に1mの段差を乗り越えて上がると、そこは天井が迫っているので「五体投地」のごとく這って前進するしかなかった。それこそ酷暑のダッシュボードに寝転んでいるようなものである。汗を全身にかいているため、這ったところには濡れた跡がついている。作業のため数分横たわった部分は、ちょうど人の形に汗で濡れ、縁起でもないが鑑識課員が被害者の位置をマーキングするのと同じようになった。

映画『ミッション：インポッシブル』では、トム・クルーズがＣＩＡ本部に侵入し、床の上数センチのところでワイヤーに吊られて行動するシーンがある。一滴の汗がセンサー付きの床に落ちるのを防ぐ瞬間が最大の見どころだ。対して、こちらは初めから床に這いつくばり、床中汗だらけである。CIAへの侵入となれば沖縄のゴルゴ13に依頼したかったが、彼は遠いし、なにより重すぎた。

早く作業を終えたいのだが、顔面中にかいた汗が目に入るのと、汗で手が滑って思うように進まない。こういうのを「汗る」というのか。いや「焦る」だったかな？　暑さのため、思考は混乱して意識は朦朧、何度も嘔吐しそうになりながら、やっとのことで作業を終えた。下はオアシスだ。冷房の効いた部屋、冷たい飲み物が待っている。「早く下に降りよう。こんなところには金輪際来るものか！」。クラクラする頭でそれだけを思いながら、下の段に向けて1mの段差を飛び降りた。途端に「ベキ！」という音がして、禁断の石膏ボードを思い切り踏み抜いてしまった。こんな天国に近いような場所で、来る前より時間のかかる仕事を作ってしまったのだ。

今年の東京国体のセットはアメリカンヒーローたち

# インストラクターの現実

クライミングインストラクターの名声に浴している人々もいれば
その職業に就きたいとの希望をもっているクライマーもいるだろう。
しかし、一見華やかなイメージのこの職業も、
現実は常に危険との背中合わせ。
「痛い」思いをすることもたびたびである。

## 講師の品格

まずクライミングインストラクターにとって、最も重要なのはクライミング技術である。そして話術への通暁もまた大切。カスタマーを鼓舞し、おだてて木に登らせる、いや、岩に登っていただくには、話し方次第なのだ。さらにカリスマ性を演出し高めるために、ウエアや用具選びにも腐心する必要がある。つまり大事なのはキャラクターが立っていることであり、親しみやすさのなかにも孤高的な威厳性を保つのだ。

私がある県にクライミングの体験教室の講師として招かれたときのことである。例によって開会

式では市長から、結婚式の新郎のごとく、事実の3倍増しくらいの立派なキャリアを披瀝され、日本で最も偉大なコーチとして紹介された（実際には÷3であるが……）。

このイベントの対象は小学生で、その父兄も大勢参観していた。教室ではクライミングウォールにトラバースコースを設定して、クライミングの基本動作の習得から始めた。その後、到達距離を競う試合や、ゲーム方式のクライミングなど、プログラムを順調に消化。最後に、長さ8mくらいのトラバースコースを参加者が何秒で移動できるかというタイム測定を行なうことにした。そして「え～、それではまず私が見本として超スピードクライミングを見せましょう！」と言うやいなや、ほぼ全速力でトラバースを行なった。

その速さに会場から大きなどよめきが起こり、さらに加速する私。そして最後のゴールのホールドへは横っ飛びのランジをかました。しかしホールドをとらえた瞬間、私の体は3mほど大きくスイングしてマットから外れ、コンクリート床にしこたま尻を叩きつけられたのだ。目からは火花が散った。おそらく尾てい骨にはひびが入り、プライドは粉々に粉砕された。悔しいかな、観客からは「おおーっ！」と先ほどよりもさらに大きなどよめきが上がった。

尾てい骨を折った人間はあまりの痛さに笑い死にするという。しかし、この講演中に痛がって無様な姿を見せることはご法度、指導者としての沽券に大きくかかわる。重ねて言おう。講師は「絶対的な威厳」で成り立っている。

私は悶絶しそうな痛みをこらえ、事もなげに、すくっと立ち上がった。ボクシングのチャンピオンがストマックを打たれてダウンを喫したとき、プロレスラーがロープの最上段からのニードロップをミゾオチに受けたとき、これほどのダメージのなかでこんなに果敢に立ち上がった例はあるだろうか。下腹部にありったけの力を込め、こう言った。「そ、それでは次の人」。体験者が尻込みしたのは言うまでもない。

## 命懸けの講習会 1

講習会にルートセットはつきものである。いつも参加者のレベルに合わせて、講習会用のルートを手早くセットする。

ある県で講習会を受け持った会場では、高さ15mのクライミングウォールが2基あり、それらは屋上でつながっていた。ひとつのウォールに懸垂下降しながらルートをセットしたあと、再度屋上に上がり、それまでぶら下がっていたロープをもうひとつのウォールに掛けるため、ロープを下に垂らしたまま片手で持って屋上の端を歩いていた。

そのとき、地上でロープがもつれそうだったらしく、下のスタッフがそれを直そうとロープをいきなり引っ張ったのだ！　無警戒の私は墜落する方向に傾いた。テニスのボールがネットのどちらに落ちるかというくらい際どかった。15m下のコンクリート床へダイビング寸前である。

しかしサッと身をかわして反対側に倒れ込み、幸運にも危機は回避できた。心臓はバクバクしているが、とにかく死神が鎌を振り下ろした瞬間に、ひょいと首を引っ込められたのだ。そして上では生きるか死ぬかの大騒ぎだったのに、下を見ると私へ引導を渡そうとしたスタッフが何事にも気づくことなく、まだロープを直していた。

## 命懸けの講習会 2

あるとき、クライミングのインストラクターを養成する講習会を行なっていた。受講生たちはほとんどが、熟練したクライマーだった。そのコースでは、初心者に扮した受講生に、もうひとりがコーチ役としてクライミングを教えるという内容であった。しっかり教えられればインストラクターとして合格である。

試験では、普段は完璧なクライミングができる講習生たちも、やや緊張ぎみであった。ひとりの講習生が、素人に扮した講習生にハーネスをつけている。「ハーネスはバックルのところで折り返さないとクライミング中にバンドが緩んできますから、必ず折り返しを行なってください」などと案内していて、なかなか堂に入ったものである。そして初心者役のクライマーがトップロープで登ることになった。インストラクター役はある程度登った段階で「その辺でテンションしてみてください」と声をかけた。

その瞬間である。クライマーはバンドの端をバックルに通さず、そのまま、いきなり折り返ししていたのだ。ハーネスのところで「バリッ」と音がした途端、バンドが解けた。バックドロップ状に、あおむけにひっくり返ったかと思うと、レッグループがひざのところまで下がり、折り曲げたひざにようやく引っかかっているだけの体勢となった。そして地上５ｍほどのところで頭を下にぶら下がっていた。

「あれー！」と叫んだのは私だったか、クライマーだったか、はたまたビレイヤーか。もしかしたら混声合唱だったかもしれない。この瞬間から、少なくともクライマーと私は運命共同体となった。クライマーは生命の危機に、私は業界抹殺の危機に対して。私は必死で叫ぶ。「早くロープをつかめ！　ひざは絶対伸ばすな！」

そろそろと降ろされたクライマーは、命の重みにへなへなと腰から砕け、私は首がつながった証に腰が抜けていた。

次は終了点からの懸垂下降の実地テストであった。先ほど九死に一生を得た受講生はこのままでは落第してしまうため、極度な緊張から前後不覚の状態であった。

私は一緒に終了点付近にぶら下がりながら「まずビレイループから終了点にセルフビレイをとって、下降器をセットしてから懸垂下降に移るように」と指示した。彼はそのとおり行動したようだ。「下降器セットしました」と言うので「よし、ではセルフビレイを外して、下降に移ろう」とさらなる指示をした。彼は「セルフビレイ外します」と復唱するので、ふと彼の腰元を見ると、下降器はギアラック（強度はほとんどない）にセットされていた。そのまま自己確保を外せば、あっという間にギアラックが切れて墜落してしまう。

「ひぇー！」

私は2番目の歌詞を絶唱した。

ハーネス脱落のピンチ

# ストレスに負けるな

世知辛いことの多い日常であるから、
スカッと登ってストレスを発散したいが、思うように登れないと
ストレスになってしまうという逆効果もありうる。
ストレスとは外部からの肉体的心理的圧迫であり、
それはあらゆる角度から襲ってくる。
まるでボクシングのパンチのように……。

## ジャブ：軽く繰り出すショートパンチ

クライミングコンペの放送の際にこちらで曲を準備するときがある。その試合はジュニアの試合だったので、当時流行っていたアンジェラ・アキの「手紙～拝啓 十五の君へ」のCDをわざわざ買っていった。

万全を期すため、15歳の選手を探して「君が登るときに、とびきりいい曲をかけてあげよう」と言うと彼はこう答えた。「ありがとうございます。でも『十五の君へ』だけは流さないでください。学校でずっとかかっていて、もう耳障りで……。ところで東さんが用意してくれた曲って何ですか？」

## ボディブロー：だんだん効いてくるパンチ

今年になって自宅付近に岩場を見つけ、ルートを開拓している。近いので手軽に行けるのがうれしい。

開拓初日にクライミングギアと開拓用具をすべて装着して、岩場の頂上から懸垂下降しようとしたら下降器を忘れていた。500mくらい先の車に取りに戻った。再び岩場に行ってハンマードリルで穴を開けたが、0.5㎜ほど小さくてアンカーが入らない。仕方なくホームセンターへ買いに行って、また戻ってきた。ボルト穴を2本開けると、バッテリーが古すぎてハンマードリルが機能しないのに気がついた。通販で新しいハンマードリルを買うために自宅へ戻った。

## アッパーカット：予期しない方向からのパンチ

ルートセットに行った先のジムの駐車場で、車の後部を開けたままにして器具を運搬していた。私の車の中にはいつもロープやクライミングギアや工具を満載している。

そんななか、ひとりのおばあちゃんが私の車の方向から歩いてきたような気がした。車に戻ると見覚えのない黒いゴミ袋があった。こんなの積んでいたのかなぁ?と思いながら袋を開けてみると、魚の頭や生ゴミが入っていた。そのときの私の車は紺のワンボックスカー、サイドに大きな恐竜のステッカーが貼ってあったので、ゴミ収集車と間違って投げ入れたのだ。そういえばクライミングギアもおばあちゃんから見るとほとんどガラクタだし……。

その日、私は帰宅するまで魚の頭との同乗を余儀なくされた。

## ストレートパンチ：文字どおり真正面からのパンチ

以前、少年雑誌にクライミングマンガが連載されていて、私はその監修をさせていただいていた。その雑誌は毎週、勤め先の支店に送られてきた。表紙や巻頭ページはグラビアアイドルの水着写真だった。

数カ月もたつと雑誌は増えてきたが、私は何げなく机の横に積んでいた。あるとき、なにかの拍子に雑誌の山が崩れた。設計を中断して雑誌を拾っていると、その様子を、めったに来ない本社の上司が見ていた。そして彼はこう言った。「東君、朝からいい雑誌を読んでいるな」。ボーナスの査定も近かった。

## クロスカウンター：攻防交わる際どいパンチ

この春、ルート開拓の途中に岩場の基部を歩いていたら小枝が顔に当たり、その拍子にコンタクトレンズが落ちてしまった。私のはハードレンズなので、なんとしても見つけ出したい。しかし不幸なことに、そこは枯葉がうず高く積もっている場所だった。地面に這いつくばり、枯葉を少しずつ取り除きながら、あらゆる角度から探しても見つからない。

そのうち、日が暮れてきて山岳地帯での捜索は絶望的な雰囲気となってきた。一計を思いついた。ザックの中には大きなポリ袋があったので、レンズが落ちた可能性のある範囲の枯葉をそれに詰め込んで帰り、自宅でゆっくり探すのだ。私は枯葉や小枝、腐葉土まで、袋に入る限り詰め込んで下山に向かった。

途中、ハイカーの夫婦に出会った。こちらは精いっぱいの愛嬌であいさつしたが、先方から返事はなかった。賢明な読者諸君、彼らは私のことをどう思ったのでしょうか。①コンタクトレンズを失くした哀れなクライマー。②ゴミの不法投棄者。

自宅では室内に敷いたシートに枯葉をぶちまけ、遺跡調査員も惚れ惚れするような丁寧さで枯葉一枚一枚の裏表を確認していった。ことわざの「干し草の中から針を探す」とは「ほとんど不可能なこと」の例であるが、私のターゲットは透明。困難度はさらに高い。しかし意志あるところに道は開ける。葉っぱ数百枚目くらいに、とうとう見つけたのだ。この先「枯葉の山からコンタクトレンズを探す」は「苦難の末に目的を達する」という意味のことわざになるだろう。

しかし喜びも束の間、室内になにやらうごめくものが多数あるのに気づいた。地面の枯葉をそのまま詰め込んだので、アリやダンゴムシやクモなども持ってきてしまったのだ。さらに小さいものもある。は？　最近テレビで見たことあるような……。ネットで調べると以下のように記されていた。

「マダニ。SFTSウイルスの保菌率30％、感染者の死亡率30％」

## ローブロー：攻撃箇所が低すぎて反則となってしまうパンチ

私の仕事はクライミングウォールの設計であり、それゆえ、毎日メールで多くの「資料」を送付している。その日も朝から忙しく、次々とメールを発信していたが、ふと見ると新しい客先に以下の誤字メールを送ってしまったことに気がついた。「本日はお問い合わせ頂きましてありがとうございます。ご依頼の〈死霊〉を添付させていただきましたので、ご確認ください」

## KO：ノックアウトのこと

A県にルートセットに行って、N県に移動していた。峠越えの山道で、遅い車が一台先行していた。1車線しかない道でカーブが多いため、なかなか抜けず、ずっとイライラしていたが、県境のトンネルが見えたとき、意を決して抜きにかかった。トンネルの中は直線である。この付近ではもうここしか抜きどころはないのだ。
アクセルを踏み込みながらトンネルに入って、すぐに先行車を抜いた。ところが、それまで中央分離帯のラインだけだったのに、トンネルに入ってすぐプラスチックのポールに変わっていたのだ。そうなると追い抜いても左側に戻れない。そしてそのまま反対車線を走る私の前方には最悪のタイミングで対向車のライトが見えた。このままでは正面衝突が待っている。仕方なくポールを突っ切って左側に戻った。タイヤがバーストしてすべてが終わった。

ストレス発散のイメージ

# クライマーの食事事情

**ルートセッターは選手の進化版か、成れの果てか。試合を挟んで両者の食事内容の違いに立場の相違が表れる。**

## セッターの酒量

セッターの仕事は常に過酷である。そのため長時間労働のあとは「こんなにつらくちゃ、酒でも飲まんとやりきれん」と自然と深酒になる。さらに人数がそろっている分、酒盛りは楽しく、危機感が薄くなり、酒量は増える。しかし、あくる日は二日酔いのため体が重く、さらに仕事はきつくなる。そしてまたその夜には「こんなにつらいと酒でも飲まなきゃ……」となるのだ。日々後悔しながら朝を迎えても、太陽が中天を半周して今日という日が落日に引き込まれていくころには「ちくしょう、仕事が終わったら絶対ビールを飲んでやる」という思いに引きずり込まれていくのである。

国体では9人のセッターが1週間強、同じ宿舎に泊まる。ある日、夜までかかったセットも終わって、バテバテで全員宿舎に引き上げてきた。みんなビールを飲みたがった。私は年長なのでカンパは仕方ない。財布をみると1万円札しかなかったので、それを出しながら「そこのコンビニで人数分、缶ビールを買ってきてくれ」と若いセッターに託した。数分後、彼は戻ってきた。お釣りをもらおうと手を出すと10円玉を数枚渡された。それを小銭入れに入れて、さらに札をもらおうと手を出したが、思わずスカを食らった。彼はそのまま箱を抱えて行ってしまったのだ。

「ハァ？ 人数分といったら缶ビール9本だろ？ 箱買いしてきたの？」

今夜もまた体がきつくなる。さらに今夜は財布もきつくなった。

## オモテナシ

魔女が杖を振って魔法をかけるごとく、滝川クリステルが地球の裏側で「お・も・て・な・し」と唱えながら、左手を5回小刻みにスイングさせた瞬間から、われわれのような不心得者にまで、日本人には外国人を饗応する義務が意識付けられた。

昨秋のワールドカップ印西大会ではスペイン、ポーランド、オーストリアから来た3人の海外セッターと、国内セッター3人が従事した。セッターの食事は大会主催者から拠出される。初日は顔合わせのため6人で居酒屋に出向いた。海外の3人も日本食が気に入ったようだ。

2日目は回転寿司へ。スペインから来たチーフのパチは寿司通らしく「俺はウナギが食べたい」という。ただし1皿100円のこの店にはウナギがなかった。それでアナゴをウナギと偽って提供した。なーに甘醤油さえかけりゃ、ヨーロッパ人なんかちょろいもんさ。しかしホールドの選眼力よりもさらに彼の舌は鋭敏だった。「このウナギは味が少し変だな」とビールを飲みながら言う。嘘がバレた私は生ツバを飲みながら「日本には何種類かのウナギがある」と言い訳した。今後の店選びに不安がよぎる。

3日目は、しゃぶしゃぶへ。平松くんも平嶋くんも「過去、いつしゃぶしゃぶを食べたか覚えていないっす」と満面の笑みで言い、私も「ここ5年以内は絶対食べていない」と深刻な表情で告白した。

4日目に異変が訪れた。大会主催者から「チケットの売り上げが予想の半分だから食費も半分にしてほしい」と言われたのだ。ハードワークのわれわれの拠り所は夕飯しかないのだ。さらに「オモテナシ」はどうする？　ヨーロッパ勢に、困窮の財政と緊縮の予算を正直に告白すれば、ハードワークしている彼らの態度は一変するだろう。少なくとも私は「ウナギ・アナゴすり替え事件」で窮地に立たされているのだから……。

それでその日は「餃子の王将」に行こうと提案した、腹いっぱい飲み食いしても1人1500円で十分だ。今夜は中華だというと即座に「NO！」と言われた。なんでも中華料理は油っぽいので嫌らしい。第一次懐柔策は失敗し、その日は再び回転寿司へ。

翌日は説明なしに、いきなり王将へ連れていった。それでもうまそうに餃子を食べているではないか。案ずるより食うは易しだ。唯一の不安は欧州へ帰って「いちばんうまかった日本食は王将だ」などと言われたら、「ウナギ・アナゴ」と「中華・日本食」の二大すり替え詐欺で、国際セッター界から追放される運命となることだ。

## 選手の食事

試合が終わったあと、キム・ジャインに出会った。ドーピング検査のため帰りが遅くなってしまって夕飯を食べてないという。それでもジャインのシェイプされた体を思い出して「ビールなんかとんでもないよね」と言うと「ビールは全然ＯＫ」だという。そこで思わず「優勝したお祝いに寿司をごちそうするよ」と誘うと屈託ない笑顔。そのとき背後に兄のキム・ジャハーがいることに気がついた。「ま、まあいいか」と彼の同行を承知した、歩きだすと、その後ろに3人目がいることに気がついた。欧州人の2ｍはありそうな大男である。ジャインに尋ねると、オーストリア人の個人的なフィジカルトレーナーだという。この日一番の真剣な声で、彼も来るのかと聞くと「もちろん」と答えられた。「スシ！　スシ！」とはしゃぐ3人の先頭に立つ私の足取りは、死刑台に向かう囚人のように重かった。

ところで、ワールドカップの選手といえど、試合が終われば誰もが一時の節制から解放されるためか、しっかり飲み食いしているように思われた。外国人選手の二次会は24時を過ぎても続いていた。普段は好敵手（ライバル）であるし、また同じ道を志す者同士の談義は尽きない。

しかし、そんななかでも〝ミスター・ストイック〟ラモン・ジュリアンは飲み会に不参加。翌日の朝食を見ても、ホテルの朝食バイキングではヨーグルトのみ皿にのせ、あとはスペインから持参したシリアル食品を食べていた。さすがに人生をクライミングに捧げた男である。

ここで模範的なクライマーの食事を聞いてみた。2タイムス世界チャンピオンの安間佐千選手は、細くて筋肉質という典型的な登れるクライマーの体をしている。そんな安間選手は意外にも普通に食べているそうだ。もちろん筋肉質の体であれば基礎代謝が高く、太りづらいのではあるが。そのうえ食事制限などをした場合、どうしても無理がたたるので、そのようなストレスを感じないことが大事だという。また試合や日常のトレーニングのためには、なにより「良好な体調の維持が大切」だと語っていた。

## 教訓はやってくる

あるとき出張から自宅に戻ると午前0時近かった。夕飯を食べていなかったので腹が減っていた。腹の足しにと家内がギンナンを数十粒焼いてくれたので、それを食べビールを飲んで寝たのだが、夜中に吐き気を催して目が覚めた。さらに体が痺れて動けない。トイレまで床を這いながら朦朧とした意識で、まず家内に一服盛られたのではと考えた。しかし今後得るであろう生涯賃金と死亡保険金では、およそ釣り合いが取れない。この12時間内で食べたのはギンナンしかなかった。まさかギンナンに中毒の要素があるとは。這いつくばったままの姿勢で恐縮ですが、読者の皆様も「良好な体調こそ最も重要」、どうかご自愛を……。

コンペが終わり、さあ食うド！

# ブランド力

道具に命を託すクライミングでは、製品への信頼度は絶対でなければいけない。そのため、高価になっても壊れないものを選びたい。今回は高いクオリティを誇るブランドの是非について語りたい。

## ブランド品の価値

満腹になるにはカップ麺でも高級寿司でも変わらない。ただし値段は100倍違う。100倍の価格差をもってしてもそれを食べる値打ちがあるかは、そのシチュエーションによるだろう。

翻ってアウトドアではどうだ？　その一個に命を委ねる確保器やカラビナには1000分の1個の粗悪品も許されない。極寒の冬山では、アウターが体温の低下をたった1℃防いでくれたことが生死の分かれ目になったこともあるだろう。暴風雨のなかでは、雨具に雨滴の浸入も内面の発露もないことが、疲労を防ぐ大きな要因であることは間違いない。このような厳しい環境での行動を考えると、選択肢で「価格」は二の次になり、完成度の高い製品を使用したいのは当然である。

そのため冒険家やプロの登山家は、高い性能をもつブランド製品を選ぶことが多い。ただし最近は本末転倒ぎみで「ブランド製品を着ていることが実力の表れ」となり、引いては「ブランド品を身にまとっているから実力者っぽくてカッコいい」となってきている。

実にブランド品は魅力と魔力に満ち溢れている。見かけはほとんど同じなのに、たった3㎝四方のエンブレムが付いているかどうかで価格は5倍になるし、それを着た者の精神的満足度は10倍になる。そこには限りない冒険への招待状があり、一流へのパスポート代わりとなり、根拠がないのに自信が溢れ、名うてのクライマーと同等の実力があるという錯覚がある。

## そしてブランド品

ある雨の日、N県へルート開拓の可能性のある岩場を偵察に行ったときのことである。岩場は車道の下にある。車を付近に止めて、数日前に手に入れたブランド物のゴアテックス製ジャケットを取り出した。

輝くブランドのエンブレム！　こんな雨の日でも新品を着るときはウキウキして心も軽くなる。その浮かれた気分がひらりとガードレールを飛び越えさせた。その途端、あっという間もなく、雨でぬかるんだ斜面を、最初はあおむけに、次にうつ伏せで滑落した。

起き上がった瞬間「裏を見せ 表を見せて 散るモミジ、良寛！」と言いこなす余裕があれば、少なくとも心理的ダメージ挽回のチャンスはあった。ハードボイルドとかダンディズムといった、今の境遇の正反対にある境地に進軍できただろう。しかし分類学上、私はしっかりと俗物であった。俗物は俗物らしく「痛ててて……」と尻をさすりながら立ち上がっただけである。

そして、さらに痛ててが襲う。さっきまでピカピカだったジャケットに、これまたできたてピカピカの7〜8㎝のカギ裂きを見つけたのだ。「なんじゃこりゃー！」。新品の新品としての見かけは30秒で終わった。

このアクシデントをきっかけに、小心者である私のブランド品との付き合い方は大きく変わった。ルート開拓・ヤブこぎ・高所作業といった、高性能なウエアが本来の実力を発揮できるハード&アクティブな野外活動では一切着用しないことに……。

**教訓その1：ブランド品は大切にしまっておこう。**

## されどブランド品

ある冬の日、街を歩いていると偶然にも車で通りかかったアウトドアメーカーの社長から声をかけられた。「東君、どこへ行くんだ？」。そう大した用事はないと言うと「この近くの別荘に行くので一緒に行こう」と車に乗せられた。なんと間のいいことか。いやいや社長が通りかかったことではなく、神の思し召しか、そのとき私は、たまたまそのメーカーのフリースジャケットを着ていたのである。社長はなぜか上機嫌で、別荘に着くと同時に「寿司でも取ろうか?」と上にぎりを２人前取ってくれたのである。

そしてストーブに薪をくべて、室温をがんがん上げていった。室温の上昇とともに汗がドンドン出てきた。社長は「東君、暑そうじゃないか? その服を脱いだらどうだ?」と、ごもっともなアドバイス。でも私は脱ぐことができない事情があった。フリースジャケットの下には社長がいちばんライバル視しているメーカーのスエットシャツ(スエットは「汗」の意味:暗示的である)を着ていたのである。それも胸のところに大型のトレードマークが入ったやつを。

社長の気質からすると、フリースを脱いだ途端に態度が一変して、寿司代を返せと言いかねない。そこで、ずっと暑さを我慢しつつ、わざと咳をしながら「ゴホッ、風邪のせいでなんか熱っぽくて、これでも寒いくらいなんです」と額に大汗をかきながら、いや半分は冷や汗をかきながら、フリースを脱ぐことを固辞した。

ますます上昇する室温。私の忍耐もとうとう限界に達して、思わずこう言った。「社長、今日は調子が悪いのでこの辺で失礼させていただきます」

## 教訓その2：ただより高いものはない。

# それでもブランド品

ある晴れの日、クライミングのイベントがあり、インストラクター兼デモンストレーターのわれわれに、スポンサーの有名ブランドメーカーからTシャツが配られた。前から欲しかったデザインである。これをもらえただけでも本日出張った甲斐があるというものだ。

夏の日差しは火炎放射器のような攻撃を浴びせてきたが、ブランド力というバリアをまとっている誇りから、疲れ知らずの体力と、元手いらずの愛嬌とでなんとか撤退を踏みとどまり、昼過ぎになった。ふと気がつくと、目にも鮮やかなパープル色のTシャツがたった半日で色あせていた。再びの「なんじゃこりゃー！」である。

おそらく染料に何かの問題があり、退色が短時間で進行したのだ。クレームを言おうとしたが、元来タダでもらったものであるからそれはできない。しかしイベント後、自分のものになるはずであったことを考えると、なんだか割り切れない悔しさが残る。人間はいったん手に入れたものには、その経緯に関係なく、執着するものである。一度座れば電車の席は自分のものだし、喫茶店の新聞も、レジの順列も、大安売りでつかんだ品物も、仮初めながら自分のものだ。

問題点の指摘には気が引けたので、メーカーの方の前を何度も往来して自然と気がついてくれるのを待った。この「これ見て往復作戦」が奏功し、とうとう声をかけられるときが来た。メーカーの方が「東さん！」と呼ぶ。そら来た！とミスユニバースコンテストで1位のコールを受けたくらいの笑顔で駆け寄るとメーカーの方はこう言った。「休憩時間は終了しています」

**教訓その3：ブランド品はすべて絶対ではないので、それぞれのよさを見極める目が大切である。**

ガードレールを飛び越えるの巻

# クライミングとケガ

**クライミングもスポーツの一種であり、本来高いところで行なう行為であるので、ケガの可能性は否めない。それではクライマーにはどのようなケガやトラブルがあり、それを避ける術はあるのか、自身の体験を含めて振り返りたい。**

## 勇者たちの挽歌

病院では、重篤な場合以外であるが、患者同士が病の重さを自慢し合うと聞いたことがある。シニアのクライミングコンペでの控え室では、野戦病院さながら、体のあちこちにケガを抱えた歴戦の勇者たちが、それまで陥落させたルートの数ではなく肩の痛みやひざの不安定さ、はたまた指の歪みなど傷みを抱えた箇所の多さを自慢し合うのである。

ところで、そんなケガ予防のため「試合前に入念なウォーミングアップはご必要ないですか？」という問いに彼らはこう答えた。「そんなに登って、試合前にケガでもしちゃ大変だよ」

## クライマーの終焉

私は10年以上前にスポーツ整形の泰斗から「あなたの指の変形はクライマーとして末期症状です」といわれたものの、いまだ使用中である。

「99%成功します」といわれながら残りの1%の失敗確率が異常に高いのと同様、末期症状といわれる期間もけっこう長い。ボールペンのインクがなくなれば押さえつけて書き、歯磨きチューブから最後の最後までひねり出すように、人生はガタが来てからが勝負である。

といいつつ、今年になって3回、肩の腱を痛め、そのたびにスポーツマッサージに通っている。キャリアの終焉はいつだって（?）、ついにはクライミングジムに払う金額より、接骨医に払う金額のほうが高くなって、すべてが終わるのである。

## 歴史は語る

「無事これ名馬なり」という言葉がある。「能力が多少劣っていても、ケガなく無事に走り続ける馬は名馬である」という意味である。訳文の前半は私にも当てはまるものの、後半部分のケガ回数はどうか。

私のケガ経歴は「二十代に寒いなかでクライミング中に右上腕筋断裂、ルーフでキョンして足の内側の靭帯を断裂、四十代に運動会で走っていて右足太ももの裏断裂、ヒールフックでせり上がり中に左足太ももの裏断裂、ルートセット中のトラブルで6ｍ墜落して背骨と肋骨とかかとを骨折、五十代でボルダリング中にアスファルトに落ちて手首骨折」と、ざっとこのとおりであるが、クライミング歴は35年くらいだから、だいたい5年に1回しかケガをしていないことになる。おお！少なくとも駄馬とはいえないくらいの控えめな経歴である⁉

私が知る限り、生存しているなかでケガ経歴のいちばん多いクライマーはガイドの菊地敏之氏である。彼はクライミングの実力も高いレベルを維持しているものの、そのケガ歴も華々しい。「鷹取山のフリーソロ中に墜落して左かかと・右手骨折、窓ふき作業中にビルの屋上から落ちて骨盤・左ひじ・左手首骨折、肺損傷・脾破裂・左足大動脈切断、スポーツ障害としての左右ひざ・右肩・左半月板・椎間板ヘルニア手術、墜落時ロープをつかんで左手の肉がそがれ、脊椎の管狭窄症・分離すべり症で手術」ということである。うん？　消去法でいくと無事な箇所はどこだ？

## ケガから学ぶこと

さてケガの予防はパフォーマンスと表裏一体である。一度そのムーブでケガをすると、同じムーブではケガを避けようとして動作が鈍る。実際、ケガは数カ月で治癒するが、ケガに及んだムーブへの拒否感は一生付きまとい、それがパフォーマンスを低めることにつながるのである。

若くてケガ知らずのクライマーの無分別で激しいアクションがうらやましいが、身についた条件反射はどうにもならない。家内が頭を掻こうと手を上げただけで、私は殴られると思い込み身を縮めるのも、実生活上の条件反射である。

## 災害ゼロを目指して

スポーツ障害は攻め込んだ末の結果として受け入れられるものの、ルートセット中の災害は褒められたものではない。なにしろ信用第一の世界である。

ロールス・ロイスという自動車は壊れにくいという製品性能の高さで有名になったが、このような逸話がある。

アフリカの砂漠でシャフトが折れて立ち往生した。メーカーに連絡するとヘリコプターでやってきてすぐに修理してくれた。あとで修理代を問い合わせるとメーカーからの回答は「無料です、故障はなかったのです」。わが意を得たり。要するに、記録に残さず休業もしなければ、ケガはなかったのである。

T県でのセット中、6mほど落ちて体育館の床に叩きつけられた。大勢の観客の前で床を這い回るさまは、フロアを転げるように踊るブレイクダンスか、地面を這う拳法の地功拳、はたまた床に墜落した痛みにのたうちまわるルートセッターのようであった。

そのときは救急車を呼ばれたが乗車を拒否して、1時間後のルート替えには再び壁に取り付いた。実際には2カ所ほど骨折していたものの、任務を遂行すれば記録の上では負傷退場にはならない（？）。災害ゼロへの執着心である。

## 休まず遅れず働くのだ

長期の休養という意味ではケガはつらいが、コンディションの管理上、病気になるのも避けたいものである。特に旅先では。

N県ではノロウイルスにかかって悶絶し、K県では悪性の風邪にかかってしまった。土曜の夜に体温を図ると38度を超えていた。一緒に作業したのは、強靭で鳴らす熊本のタッシー（田代宗幸）である。私が「インドネシアで48時間寝ずにルートセットしたことがある」と彼に言うと、タッシーは「僕は72時間寝ずにウォールを作り続けたことがあります」と恐ろしいことを言う。私の「インドネシアで……」は「私はよほどのことがないかぎり休みません」の隠喩であり、彼の「72時間寝ずに……」は「何があっても絶対休むな」の比喩である。

はたして野戦病院と化した旅先のホテルで日曜の朝に体温を図ると39度3分であった。普通でも休日だし、今日はなんとか休みたい。勤労将軍の彼のタフな要塞を突破するため、なるったけの哀れな声をイメージしてみた。フランダースの犬でネロが天国に召される前にパトラッシュにかけた最期の言葉だ。「パトラッシュ……疲れたろう。僕も疲れたんだ。なんだかとても眠いんだ……パトラッシュ」。これである。

そして朦朧とした意識のまま田代将軍に報告したが、覚えたてのセリフは少し端折りすぎた。

「タッシー、僕はなんだかとても眠いんだ」

これじゃ、ただの怠け者である。彼からの返事は玉砕命令に等しい内容であった。

「今日は私以外1人しか来られなくて、東さんが来ないと仕事になりません」

一瞬のうちに腫れ上がった手、骨折!?

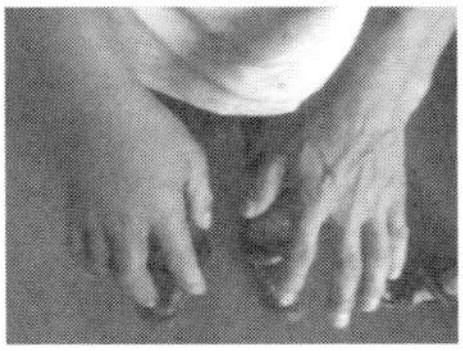

# ジンクス

クライミングとは成功と失敗、勝利と敗北がつきまとう世界であるから、縁起をかついだり、ルーティンを守ったりすることがあるだろう。今回はそんなジンクスのことを考えてみた。

## 勝利へのルーティン

クライミングでは常に精神的な葛藤がある。高いボルダーの上で受け身のとれないマントルを返すか、安定した体勢のうちに飛び降りるか。長くランナウトしたあとに墜落寸前で重力に身を任せるか、目の前のクイックドローをつかむか。クラックでパンプしてきたときにカムを入れて安全を期するか、余計な消耗を排除してそのまま突っ込むか。これらはすべて成功と失敗、安全と危険のギリギリの駆け引きなのである。しかし平常心で臨むことが非常に難しい場合がある。特に試合ではなおさらである。

ラグビー選手の忍者のポーズで一気に注目を浴びたのが、成功へのルーティンである。習慣づいた行動から精神的な安定が得られ、それが正確性へとつながるということらしい。
クライミングでは、ほんのわずかな違いが大きな順位差になる。ボルダリングの試合では1ボーナスの1アテンプトの差は最小成績差であるが、それが優勝と2位を分ける可能性がある。またトップ近くまで登り、最終ホールドをキャッチできるか、はたまたタッチしただけで叩き落とされるかの数ミリの違いによって、勝負の命運が決まる場合がある。前者はガッツポーズで待機席に進んで長いレスト時間とこの先の希望が与えられるが、後者は再度100％の力を出しきるトライが待っている。そして時間内に登りきれなかったときには完全回復しきれない短いレストタイムしかなく、次のルートも登れない悪い循環を意識させられる。
平常心を保つため、日本を代表するクライマーたちは試合前にどんなルーティンをするのだろうか。聞いてみた。
**楢崎智亜**：腕を前後に振って、いったん息を手のひらに吹きかけ、手のひらをスリスリしてから、もう一回手を振ってスタートする。
**藤井快**：液体チョークをつけ、さらにパウダーチョークをつけて、ウォールの前で深呼吸する。
**高田知尭**：滑らないようにシューズをきれいにし、シューズの中に息を吹きかけ埃を払って左足から履く。

**渡部桂太**：シューズを右足から履く。息を吹きかけて中を払う。
**堀創**：チョークを手の甲までつける。甲から出る汗を止める。
**渡辺沙亜里**：ウォーミングアップのときにランジをやってその日の調子を見る。
**伊藤ふたば**：登る前の壁の裏で10回ジャンプしてからスタートする。
**小武芽生**：登る直前は肩甲骨を動かす体操をする。
**小林由佳**：登る前に息を吐く。
**樋口純裕**：アップウォールの前にチューブを使ってウォームアップする。

というところらしい。しかし誤解してはいけない。彼らの平常からしてスーパーマンなのであり、その通常の力を呼び起こすための行動が前記の仕草である。われわれがいくら彼らのルーティンを真似たとしても、変身前のクラーク・ケントから変わることはないのである。

ところで、このルーティンで気になるしぐさがあった。未だに「靴を右から履く」クライマーがいるというのだ。

有史よりクライミングシューズは「左から履く」と決まっている！　私はともかく、藤井快、小澤信太、樋口純裕といった強豪は当然、左足派である。

フランス革命を象徴したドラクロワの「民衆を導く自由の女神」の絵を見よ。勝利へ向けて行進する女神は高らかに国旗を掲げ、左足を踏み出し民衆を率いている。勝利の凱歌を上げるには、シューズは左足から履くということを示唆しているのだ。

ミロのヴィーナスを見よ、明らかに左足を前に出している。これは左足から靴を履くしぐさであり、失われた両手は靴を履くポーズをとっていたかもしれない。なに、大場美和、杉本怜は右足派？　信じられん！

## 精神世界編

ある日、レッドポイントがかかったクライミングに出かけようして、道路で友人を待っていた。ふと見ると一匹の黒猫が私の立っている通りを横切ろうしている。不吉である。

黒猫に横切られては、今日のレッドポイントはない。私は猫に横切られるのを阻止するため、進路方向に向かって駆け出した。すると黒猫もビックリしたのか走り出した。クロスラインを取られたら一巻の終わりである、こちらも全速力で黒猫と併走する。やがて猫は私とは反対の路地に駆け込んでいった。

ゼエゼエと息を荒げながら戻ってきた私に友人は「東さん、どうしたんですか？」と聞いてきた。私は「これでレッドポイントは大丈夫だ」とだけ答えた。

ということで、平凡なクライマーの厄除け行動は別として、全日本選手たちのコンセントレーション方法はいかに。

**是永敬一郎**：欲張らず、今日は勝てると思わず、明鏡止水の心で臨む。

**中野稔**：無心になる。自分の心と闘う。

**石松大晟**：ボルダーコンペの休憩のとき「自分と向き合う」と手のひらに書いて、あとは瞑想。

**杉本怜**：ボルダリングコンペでは完登までの時間を逆算して、登りきれる時間のぎりぎりのタイミングでスタートする。

**松島暁人**：勝負トランクスを持っている。

**小澤信太**：うどんは食べない、ツルツル滑る。

やはり強者たちの意気込みは違う。世界ユースの実力者ケイイチロウとリードW－CUP2位のミノル君は雑念をなくして勝負に専念するのが信条とみた。タイセイ君の若くして落ち着いたクライミングにはそんな理由があったのか。ボルダリングW－CUP1位のレイ君は、もはや堂々とした王者の登りに思える。アキトの颯爽としたクライミングはそこからか⁉　信太ーッ、コメントできん！

## 食事編

戦国武将は合戦の前に「打ち勝ち喜ぶ」という語呂合わせで、打ちアワビ・勝ち栗・昆布を食べたというが、現代のサムライたちの食事はいかに？

**茂垣敬太**：高校生のときから、クライミングの前にラムネを食べる。ブドウ糖の塊で栄養価が高い。

**杉本 怜**：コンペの前にラーメンを食べる。欧州行きになっても前日か前々日の機会に食べる。

**渡辺沙亜里**：コンペ中はいつもブラウニーチョコを食べる。

**大田理裟**：登る直前にチョコを食べる。W－CUP前には焼き肉を食べる。

**波田悠貴**：コンペ当日、炭酸系の飲み物を飲むと気分が上がる。

**小武芽生**：前日は白玉とか好きなものをいっぱい食べる。

**野中生萌**：おいしい焼き肉を食べる。

それでは最後にボルダリングW－CUP4タイムスチャンピオンの食事を紹介したい。

**野口啓代**：コンペ前、渡航前に実家に帰って母親の手料理を食べる。

なるほど、今回いちばんジーンときました。

クライミングシューズは
左足から履くのが正当？

# 僕たちの失敗

正確無比に動くのは理想として、
ルートセッターもまた人間である。
いろいろな失敗を繰り返し経験を積んで、
二度と同じ失敗をしないと誓ったあとに別の失敗をする。

## 準備万端

国体のとき、セッターチームはリード班とボルダリング班に分かれる。そのセッターたちは競技終了後、翌日の試合のルートを作ることになる。正確にいうと、事前にセットしていったん外したホールドを、ルートマップを頼りに復元するのだ。ボルダリングは数分でも可能だが、リードは大慌てでも2時間くらいかかる一大作業となる。

私が山口国体でボルダリング班だったとき、リードチームに作業の進行具合を尋ねると「楽勝っす。もうほとんど完了!」と言っていた。1時間ほどあとにリード会場に様子を見に行くと、真っ暗ななかで、みんな必死の形相で作業している。尋ねると「誰の指示ともなく、女子決勝ルートをセットしていてほとんど終わりかけていたんです。そしたら誰かが明日は男子決勝からじゃないか？って言ったんです」

## 逆噴射

東京のボルダリングコンペでのこと。そのルートのスタートはハリボテに両足を乗せて、両手をアンダークリングでセットしてから、強く踏ん張って遠いホールドにミサイルのようにランジする内容だった。

最初の選手がスタート位置についた。ハリボテを強く蹴って、ランジの体勢に入った。次の瞬間、選手の位置はそのままで、ハリボテだけロケットのように観客席のほうへ吹っ飛んでいった。

## 戦力外通告

ルートセッターとして最も重要なことは、試合までのコンディションである。事前にトレーニングこそすれ、無理なムーブは自重して、風邪の予防・飲酒回避・夜更かし厳禁・長電話禁止で体調を整えて臨むのだ。

大阪での国際マスター大会に木村伸介と平松幸祐と私が参集した。セット前のミーティングも終わり、さあセットだ。まずはホールドの開梱から。その箱にはナイロンのヒモがかかっていた。カッターナイフはなかった。長年の経験はこういう瞬間にこそ生きる。

伸介は「こんなときは木工ドリルで切るんですよ」と切っ先鋭いドリルをヒモにあてがってスイッチを押した。ヒモと共に彼の人さし指がドリルに巻き込まれる。ひとり脱落。

## セッター紹介

コンペ中の私は、ときどき放送係をしている。ここではやはりコンペ最大の裏方スタッフであるルートセッターを紹介しなければいけない。「それでは今大会のルートセッターを紹介します……」と話しだすと、セッターたちは、居住まいを正して髪をおもむろにセットし直していた。

最初に高々と名前を読み上げたのが紅一点女子セッターだったが、彼女はその場におらず、すぐに名前が出てこなかった。思わず口を突いた苗字は禁句のほうだったらしい。

あっと顔を見合わせたほかのセッターの驚愕の表情から、大変な失態を演じたとわかった。「次は……」とアナウンスし始めたものの、今度は目の前のセッターの顔を見ても名前が出てこない。仕方なく「……その他大勢！」と言って紹介を終えた。名前が出るのを期待していたセッターたちは、いすから転げ落ちた。

## それはダミだ

競技場が外にあるリード会場では、競技前のルートの隠匿性を保つためにウォールに幕を張るか、ルートにダミーのホールドをたくさん付けてルートを判別できなくする。ある大会の女子決勝ルートではダミーホールド作戦をとった。しかし競技前にダミーを1個取り忘れたまま試合になってしまった。そのホールドは緩く付けただけなので、持つとすぐに回転してしまう。そうなるとテクニカルインシデントで試合中断だ。

しかし幸運にも、そのホールドは、ほとんど手が届かないくらいルートから遠く離れたところにあった。絶海の孤島のように、人々から忘れられるほどの距離だったのだ。

私は場内の放送担当だったが、いったん試合が始まると、もうルートに関する内容はしゃべれなくなる。試合は終盤まで何事もなく進んだ。しかしある女子選手はダミーホールドを見ながらムーブに躊躇している。「○○選手、あらぬ方向を見ていますと」と何げないふうで、ダミーホールドに行くことをやめさせるアナウンスをした。

まだ見てる。再び「ラインは正確に読んだほうが勝ちです」と微妙な言い回しで、そのホールドから目をそらすことを促した。しかしその選手は猛然とダミーホールドにランジした。ホールドはカラカラと回ってすべてが終わった。

## エネルギー枯渇

クライミングでは、集中力が削がれるため満腹は厳禁。でもセット作業は空腹もつらい。真夏に行なわれたテレビ局主催のクライミングコンペではコンビニが遠かったので、あらかじめ昼飯を買ってユニットハウスのテーブルに置いていた。そのコンペの責任者はすごく気前のいい方で、スタッフに向かって叫んでいた。「おーい、冷蔵庫に入っている食べ物はみんなで食べていいぞ!」

そしてその責任者はとても気が利く人だった。ハウス内は空調機がなく暑かった。私の弁当を見て、「こんなところに置いてたんじゃ傷んでしまう」と冷蔵庫に入れてくれたのだ。ぶら下がり作業だった私だけがほかのスタッフより遅れて、超空腹でハウスに戻った。私の弁当は誰か知らないやつが食べていた。

## 任務不遂行

インドネシアでのアジア大会にルートセッターとして行ったときのことである。国際的なテロ事件があったため、厳戒態勢の空港警備のなかジャカルタに向かった。

試合会場は5000人くらいの観客で埋まっていた。しかしクライミングウォールの前30mくらいのスペースがぽっかり空いている。同国のスタッフに尋ねると、陸軍大臣が観戦に来られているので、その眺望の確保のためだという。しかし大臣の席はクライミングウォールの斜め前の小高い丘の上にあったので、観客が前に詰めても見晴らしは阻害されないはずである。イスラムでは「信者たちは兄弟である。よっておまえたちふたりの兄弟の間を詰めよ」である。（注：正しくは「鎮めよ」）

とりあえず大臣に交渉しようと思った。なーに、どうせ私は他国の人間だ。少々無礼を働いても、その後の出世には何の影響もない。そしてウォールの前のステージの上から飛び降りた加速度のまま、その丘を走り上がって大臣席に向かった。その旨を伝えると「おお、ええぞ」と言う。なかなか話せる大臣である。

それでギャラリーに「前に来い！　前に来い！」と手振りしながら言うと、ギャラリーは「おまえはいいやつだ」と大喜び。あのスタッフからも「おまえはすごいやつだ」と言われたので謙遜していると、さらにこう言われた。「大臣のシークレットポリスがおまえを銃で狙っていたのを知っていたか？」

和歌山国体にて

# クライミングDEキャンプ

キャンプ（露営）は山で泊まることが目的ではなく、もともとカウボーイや遊牧民が家に帰れないほどの遠隔地で仕事をするために、やむなく行なう行為であった。翻って、今日ではクライマーたちが自宅から離れた場所でクライミングするために露営するのである。しかし、これもまた楽しい。思わぬトラブルや災難が待っていても……。

## 夜中の散歩は安眠のために

ある夏の暑い日に高速道路のサービスエリアで車中泊していた。うだるような熱帯夜で窓を開けて寝ていたが、そうすると嫌でもほかの車のエンジン音が聞こえてくる。その騒音にもようやく睡魔のベールが覆い始めたころ、突然のクラクションで飛び起きた。それは起床ラッパよりも激しい音量でＳＡに響き渡って、一向にやむ気配がない。

人生は厄介である。頼みもしないのに送られてくるウイルスメールのように、予期せぬ災難は最も望まないタイミングでやってくる。私はコンタクトレンズを外していたが、しぶしぶ起きて大音量の目覚まし時計を探しに行った。50ｍくらい離れたところに大型トラックがあり、クラクションはそこから鳴っていた。しかしドライバーはどうした？　ハンドルに突っ伏して突然死したのか。

車の窓が開いていたのでステップを上がってのぞき込むと、若い運転手がハンドルに足を上げて、クラクションパッドを踏んだまま仰向けで寝ていた。彼はＳＡにいる全員を叩き起こしながら爆睡していたのだ。

## 睡魔は寝間着を選ばない

あるとき、一晩で福岡から和歌山まで行かなければいけない用事があった。距離にして７００㎞。岡山まで４００㎞ほど走ってきたところで、ヘッドライトで照らした闇のなかから突然、睡魔が現れた。安全運転のコツには「眠くて危険なときは短時間でも寝れば眠気から逃れられる」とある。そのときはどういうわけかシャツにネクタイを締めたまま運転していたが、もはやそれを外す余裕もなく、「10分間だけ寝よう」と後ろのシートを倒して横になった。

幸福な時間は夢のように過ぎ、10分寝たつもりが4時間たっていて、朝8時ごろ気がつくとネクタイを締めたまま寝ていた。約束の時間は午前9時、残りの距離は２８０㎞。時速３００㎞で走ればなんとか間に合いそうだ。いつもと違ってネクタイを締める時間だけは割愛できるし。

## 安眠の地は永眠の地

車中泊の場合、郊外はともかく、民家や市街地で駐車地を探すとなると困難を極める。田舎では「知らない車を見たら110番」などという看板が立っているところもあり、うっかり空き地にも止められない。いちばん安心なのは道の駅であるが、目的地からの距離の問題もあり、夜半に不審でなく・危険もなく・騒音もない場所を探してウロウロすることがしばしばである。

香川県で夜中に数十分さまよって、もう眠さも限界に達したとき、ようやく右の三要素にかなう場所を見つけた。市街の中で静寂に包まれた一角。こんな場所につきもののカップルの車もなく、まさに安眠のための楽園で幸せな気持ちで眠りについた。

朝起きると、そこは火葬場だった。愛知県で同様のケースでは、朝起きるとそこは墓場だった。そういえば夜中に何か気配を感じたような……。

## 轟く雷鳴は朝まで続く

以前乗っていた車は屋根にテントを装備しているタイプであった。富山でのコンペの際にひとり車中泊していると、真夜中にものすごい雷鳴とともに土砂降りになった。しばらくして携帯が鳴ったので出ると、近くのキャンプ場に泊まっていた女子高校生の選手から「土砂降りでテントに浸水してきたので、東さんの車に避難させてほしい」という。

私はジェントルマンなので、その女子高校生2人を屋根上のテントに寝かせて、私自身は下の車中に寝た。テントはその底板部分が車中につながっているが、上に人が寝たらもう行き来できない構造である。

そんな騒動のあと、やっと眠りにつけるかと思いきや、そのうちのひとりが、避難騒動に疲れたのか雷鳴のようなイビキをかきだした。しかし下に寝ている私には何ら手立てはなかった。

## 多数派の理由

ある夜遅く、海岸のキャンプ地に着いてテント場を探した。その海岸には先行者のテントが何張かあったが、海岸のゴツゴツした岩の上に張っていて、なんとも居心地が悪そうである。われわれは砂浜を露営地とした。あんな岩場になんてバカなやつらである。砂の上はクッション性に富み快適であった。遅い夕餉も終わり、波音のそばで眠りについた。心地よい「自然との一体感」である。

夜半、不意な異変で目が覚めた。潮が満ちてきて、われわれのテントには波が打ち付け、浸水が始まっていた。こんな袋の中に入ったままで海に引きずり込まれたら、この身が滅んで自然に還るという「自然との一体化」である。真っ暗ななかで命からがら退避した。あの岩でゴツゴツした場所に……。

## 食費は日々精算の原則

今ではキャンパーが多数を占めている小川山であるが、昔はクライマーしか来ないキャンプ場で、そのほとんどが、なじみの顔ぶれであった。さらにGWやお盆ともなれば、全国のクライマーの同窓会的な雰囲気を醸し出していたのだ。

われわれは4人でキャンプしていたが、夕飯のころになると関西から来たSとKが合流してきて、飯を食わせてくれという。同じ地域から来たやつらなので無下にもできない。最終日に精算すればいいのだ。そのキャンプでは私がコック長で毎晩その腕を振るっていたが、Kは真っ先に手を付け、最後まで食っていた。

5日間のキャンプが終わり、食材の清算をしようと皆を集めたが、Kがいない。Sに「一緒に来たんだろ?」と聞くと「知らないよ、あいつは俺の同行者じゃない」という。やられたのである。

## 流星はテント群の上を飛ぶ

冬山は厳しい。その日にテントに帰って、温かいものを飲み食いすることだけが一日の楽しみとなる。テントは楽園であり、安住の地であり、命の綱なのだ。

そしてそのテントを守るため、絶対に行なってはいけなかったのは、テント内での炊事である。今でこそガスストーブで火力が安定しているが、昔のガソリンストーブでは、生ガスが出たとき不完全燃焼の可能性があり危険だからだ。

しかし冬山。厳冬の笠ヶ岳での炊事はあまりにも寒く、われわれは愚かにもテント内で調理していた。そして……。

突然、ボッという音とともにコンロは炎に包まれ、燃え上がった。このままではテントに引火して、厳寒の夜に行き場を失ってしまう。私は、やけど覚悟で燃えているコンロをムンズとつかみ、手りゅう弾を投げるごとく思いっきり外に放り投げた。コンロは流星のように夜空に弧を描きながら飛んだあと、ボッボッと不気味な音を立てながら雪の斜面を転がっていった。「わー！　火の玉だ！」。隣のテントから悲鳴が上がった……。

車中泊のプロ？

# 2017-2020

意思決定

墜落の仕方教えます

ミスから学ぼう

ジョークで勝負

酒なくて何の己が岩登りかな

家内はクライミングパートナー

油断禁物

大人のクライマー養成講座

# 意思決定

クライミングは選択・判断・決断の連続であるといってもいい。
素早い判断はこの身を救い、
逡巡することは許されないケースが多い。
今回は意思決定の話である。

クライミングでは、どのルートを登るかというような選択の場面は常にある。またルートを攻略中には「ハードプッシュでいくか、テクニカルにいくか」という瞬間的な意思決定を迫られる。そしてその結果が正解だったか不正解だったかは、後で知ることになる。

## オーナーのオーダー

S県に2日間の予定でセットに行った。担当者がグレード別のルート数を「正」という文字で表に書き込んでいく。セットは5・8台なら1時間弱でもたたき上げられるが、13台になると試登や調整でどんなに急いでも2時間はかかる。つまり「正」の中の長さ1cmのシンプルな線がわれわれの渾身の作業2時間に相応するのだ。

リストにはもうたっぷり「正」が並んでいて、2日間を休憩なくセットしてもキチキチの状態であった。これ以上増えると3日かかってしまう。彼はペンを休めてリストを眺めていたが、沈黙が、これでまだ終わりではないことを語っている。

私は「いやー、たっぷりありますね」と言った。「もう十分でしょ」とけん制するために。彼はウ〜ンと思案しながら、もう一度リストにペンを当てた。私は緊張のあまり、生ツバを飲み込んだ。ノドボトケが1㎝上下した途端、ペンが1㎝横に動いた。13台に印が付いて、3日目宿泊決定!!

## セカンドチョイス

韓国でのアジア大会でルートセッターを担当していた。試合前に1週間くらい、会場となっていた体育館に通った。そして競技日になると体育館は華やかに飾り付けられ、入口には「受付」というより「門番」というのがふさわしい屈強な韓国のおばさんたちが4、5人立っていた。IDカードをもらっていなかったが、ひと目で西洋人とわかる同行のフランス人はそのまま通過した。彼らの高い鼻がIDカードになるらしい。

私もハローと言いながら、ありったけの笑顔で通り過ぎようとした。愛嬌は万国共通のパスポートである……はずだった。途端にムズッと腕をつかまれ、韓国語でわめかれながら引き戻された。英語で身分を伝えたが、彼女らには通じなかった。試合開始時間まで余裕がないので、そのまま強行突破しようと入口にダッシュした。途端にダラス・カウボーイズの鉄壁のディフェンスに拡声器をつけたようなおばさんたちに捕まり、外に放り出されてしまった。

「こうなったら力ずくでも入ってやる！」と捨てゼリフを残してトボトボ体育館の裏に回ると、首尾よく倉庫の窓が開いていた。高い鼻をもたず愛嬌も発揮せず、試合会場へと続く国境の窓に一目散に飛び込んだ。

## 最終決定権

T県にルートセットに招かれた。大会スケジュールを見ると、競技は2日間であるが、1日目の競技開始時間がやけに早い。「朝7時から受付するなんて選手のコンディションに問題が出るでしょ？」と、睡眠障害に正当防衛で立ち向かう。

大会関係者にその理由を尋ねると「宿泊先である『県立青年の家』の関係で、初日は早めに終了しないといけないんです」という。なんでもそこの所長の要望らしい。「所長は、こんな日程では選手に支障があるとわかっているのか」と尋ねると、さらに「いえ、所長は炊事のおばさんの言いなりなんです」という。

事情はわかった。青年の家の所長は数年ごとに異動となる。その点、炊事のおばさんたちは20年以上勤続しているヌシみたいな存在なので、夕飯の時間については所長より権限をもっているらしい。つまり大会日程を決めたのは、そのおばさんたちの一言だったのだ。

## 選択方法

ランニングがクライミングのコンディショニングに役立つと聞く。

5月の連休のクライミングエリアでキャンプしていた。そのうちの女性と、クライミング前にランニングすることになった。岬の突端の灯台まで走っていって、折り返してこようという。距離は往復で10㎞程度。初夏を思わせる暑い日差しはやがて、われわれの喉を砂漠の砂に変えた。

しかし心配はいらない。私のポケットの中には潤いのオアシスが入っている。缶ジュースを1本だけ買える硬貨を持っていたのだ。灯台のふもとに自販機があったので、彼女に「何か飲もう」とコインを渡した。彼女は「何がいいか迷っちゃう」と言いながら「決められないから目をつぶって押しちゃおう、エイッ!」と適当にボタンを押した。

取り出し口から出てきたのは熱い汁粉（しるこ）だった。その日のコンディション？ ええ、そりゃもう最高ですよ……。

## 迷ったときの行動規範

中国での国際大会の後、セッター2人で近郊の岩壁の未踏のルートを登りに行った。1〜2ピッチは相方が登った。貧弱なプロテクションの連続、もろい下向きのフレークにカム1個だけで10mランナウトしていくなど、恐ろしいクライミングを展開している。

3ピッチ目。さすがに一回くらいはリードしないと面目が立たないだろうと志願する。次のピッチは20m超のオフィドゥスだった。ルートの頂上らしきところに木が一本生えていた。そこまでいけばビレイ点になる。持っているプロテクションはキャメロット4番だけ。そのカムが決まるのは出だし3mのところしかなく、あとは20m以上ランナウトとなる。人跡未踏のクラックをバック&フットでジリジリ進む。ムーブの困難さはないものの、岩にはかさぶたのような浮き石が点在していて、こんなもので足を滑らせたら一巻の終わりである。

やがてランナウトが20mほどになり、地上に生えている樹木も箱庭のように見える。恐怖の極致でビレイヤーに叫ぶ。「落ちたら、支点は吹っ飛ぶかなー？」。ビレイヤーからは「東さん、スラブを駆け降りて最後にジャングルに飛び込むと命だけは助かるよー！」と、まったく確信のない慰めの言葉が返ってきた。
しばらく登るとクラックは二股に分かれていた。下から見た木はどちらのクラックの先に生えているかわからない。もし行く手を間違ったらクライムダウンできるか——そんな恐ろしいことは考えたくない。
しかし、賢明なる読者のみなさん。こんな場合にこそ「迷ったときに決断する7つの方法」という行動規範があるのです。ええ、私は常にこれを判断基準にしてピンチを乗り切るのです。この危機的状況に適用してみますので、効果のほどをご実感ください。

**その1　楽しいか楽しくないか：はっ？　この場で、そんなこと聞く？**
**その2　自己嫌悪の少ないほう：ええ、もうすっかり自己嫌悪ですよ。**
**その3　迷ったらやめる：やめられるものなら、もうやめてるだろ。**
**その4　その後のことを考える：それは天国に行った後のこと？**
**その5　その後の選択肢を用意する：だから、それがないのよ！**
**その6　誰のことか考える：自分のことに決まってるだろ！**
**その7　最後は自分をいちばん大切に：？？？**

何はなくても愛嬌で勝負

# 墜落の仕方教えます

クライミングとは常に墜落との闘いであり、
墜落と背中合わせである。
できるかぎり墜落は避けたいのに
墜落のないクライミングなんてクライミングじゃない。

リードではグラウンドフォールやロングフォールの危険にさらされ、ボルダリングではマット外墜落や不安定な姿勢からの墜落など、墜落はクライミング的敗北そのものであり、ケガの前兆である。できることなら墜落したくないが、完登か墜落かの瀬戸際、ダモクレスの剣の下には不思議な魅力がある。

## 痛い思いをする前に

あるジムで常連たちとセッションしていた。仲間より先にゴールするために他人の登りを参考にしようとして、どうしても周囲に目が行かなくなる。そんななか、反対側の壁からファットな初心者の男性が落ちてきて、背中にひじを叩き込まれた。彼はお世辞にもクライマー体型ではなく、どちらかというとプロレスラーなら大成しそうであった。それがロープの最上段より高いところから落ちてきて、エルボースタンプを繰り出してきたのだ。彼はボルダリングのようにマットに着地して、私はプロレスのように悶絶しながらマットに沈んだ。

彼の落ちる場所にいた私が悪いのだが、彼が登る前からそこにいたのだ。もし落ちる瞬間でも声をかけていただいていたら避けられたのに。

ということで、フォールと退避の関係を。

自由落下する物体は1秒で4・9m落下し、1・1秒だと6m近くまで落ちる。たった0・1秒でもすごく違うのだ。

自由落下の計算式は、

Y＝1／2×G(重力加速度)×$t^2$

つまり、

落下距離＝（1／2）×（9・8m／S）×（時間の2乗）

墜落距離は時間の2乗なので、一瞬でも時間が経過すれば加速度的に距離が伸びる。

ボルダリングの墜落時間から墜落距離を計算してみた。

0・1秒で5㎝の落下
0・2秒で20㎝の落下
0・5秒で1・2mの落下
1秒で4・9mの落下

見方を変えると、
1m墜落するのに0・45秒
2m墜落するのに0・6秒
3m墜落するのに0・78秒

それでは退避の速度はどうだろうか。自由落下では初速が遅いが、退避行動は地面を蹴れる分だけ、初速から速い。100m走の最高速は時速40㎞で、秒速11mくらいだ。ただしこれはスピードに乗ったときなので、静止状態からのスタートの速度ではない。

相撲の立ち合いでは秒速4mとされている。マット上ではキック力が弱いため初速を秒速2mとすると、墜落者が頭上1mのところにいても下の人に当たるまで0・45秒かかり、その人は約1m逃げられるので、ほぼ当たることはない。

ただし落ちだしてからの落下スピードは速くなるので、退避は落ちる直前にしないと、安全圏に

こんなことをしていると、
いつかは痛い目に……

退避できるとは限らない。やはり登る前は近くの人に一声かけるということと、他人がフォールする範囲には近づかないということを守りたい。

## 落石にご用心

落ちてくるのは人ばかりではない。自然の岩では落石に遭遇することもある。私も冬の赤岳主稜でセカンドのビレイをしているときに、首筋の直近を落石がうなりながら通り過ぎていったり、広島の帝釈峡で懸垂下降のときにヘルメットにヒビが入るほどの落石をくらったことがある。

落石を認めたら、ホームランボールをキャッチする観客のように手を出してはいけないし、熊に出会ったように死んだふりをしても意味がない。落石は10m落ちるのに1・4秒程度かかるのだから、慌てずに対処すれば回避は十分に可能である。

落石の危険度は壁の傾斜によって異なる。オーバーハングした壁ではクライマーのアクシス(通り道)とビレイヤーの位置が交わることは少ないが、垂壁では常にクライマーの真下にビレイヤーがいる。これらの壁では落石は一点に落ちるので、当たる確率も少なく、前後左右に回避が可能である。

最も危険なのはスラブで、このときの落石は魚雷のように壁を滑り落ちてきて線状の軌跡になる。そのため落石からの避難は左右しかない。

また、自然に起こる落石は壁の上の斜面から転がり落ちてくることが多いので、壁の頂上の真下に待機することは避けたい。さらにアプローチで木の幹に石が当たった痕跡があれば、そこは落石多発地帯を表すので、注意して迅速に通行しよう。

最近ビレイグラスなるものをよく見かけるが、クライマーが落石を発生させたとき、きちんと見えるのか、また距離感がつかみづらくて退避行動がしにくいのではないかと心配である。クライマーが発生させる落石はクライマーからほぼ垂直に落ちてくるので、ビレイヤーはクライマーの真下に入らないでビレイしたい。またクライマーの方向を常に注視することも大切である。

## クライマーは冒険に向かう

ある日、S半島に新しいエリアの可能性を見いだすため単独で下見に行った。駐車場の近くに岩塔があったがそれほど難しくなく、フリーソロでも登れそうであった。そしてその岩塔以外にめぼしい岩はなかったので、引き返そうと車に向かった。

駐車場に近い海岸にカップルが肩を寄せて座っていた。人生には数多のロマンがあるが「恋」と「冒険」はその双璧だ。このふたつをなくしての人生は「塩をかけないゆで卵」もしくは「アイスクリームの入っていないカップコーン」である。異なるのは、片方はソロが可能だが、もう一方はパートナーがいて初めて成立するということだ。

私は決心した。「今こそ、あの岩塔を登るしかない！」。軟弱な恋愛に雄々しい冒険者の姿を見せつけてやるのだ。岩塔は冒険への「道標」であり、その形は「勝利の金字塔」を予感させた。

岩は木々に覆われた斜面の上に屹立していた。私は斜面を這い上がり、フリーソロで岩塔を登り始めた。5mくらい登ったところで下を見ると、カップルは私を見上げていた。私は勝利を確信した。恋はお互いがお互いの囚われ人、ふたりの世界以外は目に入らないというが、ついに冒険者が恋する者たちの目を奪ったのだ。

しかし慢心は不注意の恋人であった。右手に持ったソフトボール大のホールドが不意に抜け落ち、岩のかけらをつかんだまま、重力の囚われ人となった。

下が斜面だったことが幸いした。一気に地面に叩きつけられることなく、最初は後ろ向きに、やがて横転しながら斜面を転がり落ちた。そして灌木に横腹を叩きつけられて転落は止まった。

「大丈夫ですか！」。カップルの男は大声で呼び掛けてくれた。私は恥ずかしさのあまり、あばらの痛みをこらえながら樹林帯を這って逃げた。「恋」が憐憫の情という心理的優位さでプロレスのように私をフォールし「冒険」に勝利した瞬間であった。岩塔のホールドが抜け落ちた部分は私の敗北の痕跡となり、冒険の「墓標」と化していた。

# ミスから学ぼう

クライミングでは一つのミスが命取りになるときがあるが、何げない小さなミスも大きな事故に関連しているのかもしれない。今回は誰もが経験する小さなミスの話。

## 小さなミスは事故の萌芽

「ヒヤリ・ハット」とは、突発的なミスにヒヤリとしたり、ハッと気付いたりすることで大事には至らなかったものの、一歩間違うと直結していたかもしれない事例のことをいう。産業界や医療界でも「一つの重大事故の陰に29の軽微な事故と、300のニアミスがある」というのが通説となっている。

したがって、ミスしたときに漠然と後悔するより、その原因を知って二度と起こさないようにすることが必要である。

## 私の知人

1990年大阪花博のスイスガーデンで、私は国内初である体験クライミングのインストラクターをしていた。当時クライミングウォールは大変珍しかったので日本各地からクライマーが立ち寄ってくれた。

そんななか、あるクライミング経験者のカップルが訪れた。どこから来たのか女性のほうに尋ねると群馬からだという。群馬県の有力女性クライマー3人の名前をクライミング雑誌で知っていた。そこで、いかにもクライマー界に精通していると思わせるため「群馬県にはチギラさんがいますよね」と、さも知り合いのように言った。珍しい名前のほうが効果があると思ったからだ。するとその女性は言った。「私がチギラです」。

**教訓1　禍は口から。**

## 記憶のかなた

爾来30年、私の人生から、知ったかぶりは消えた。

今年の正月、私の自宅から数十分のところにある北山公園というところでボルダリングをしていた。男女のグループがいたので話をすると、愛媛県の某大学のOBと学生だという。私は以前、講習会で知り合った同大学のクライミング部員の名前を憶えていたので、目の前の女性に言った。

「私はタカギさんとは知り合いなんです」。すると女性はこう言った。「私はタカギです。東さん、忘れたんですか？」

**教訓2　口は閉じておけ、目は開けておけ。**

## 自覚

そのクライミングジムは55歳以上が割引料金となっていた。自販機でチケットを購入するシステムなのでタッチパネルを押すと「利用料金」が選択できる。「中高」と出た部分を押すとチケットが出てきた。カウンターでスタッフに渡すと「東さん、このチケットは違いますよ」と言われた。私は「中高年用のボタンを押した」と胸を張って言うと「あれは中学・高校生用です」と言われた。

**教訓3　思い込みは事故のもと。**

## プロの手口

大阪のジムのハヤシ社長らと一緒に、私の車でS半島へクライミングに行った。岩場から戻ってくると、車のロックが開いていた。車上荒らしに遭ったのだ。一人の女性が「私のサイフがない」と言った。するとメンバーの一人が「君はサイフをシートの上に置き忘れていたので、目に付くと危ないと思い、僕が持っていたよ」と言いながらザックから彼女のサイフを出してきた。彼は信長の草履を懐で温めた秀吉のように機転の利く人だった。

ハヤシ社長は「その点、私はしっかりと対策している。こんなときはここに隠すんだよ」と言いながら備え付けの車載冷蔵庫の扉を開けた。「ない！　盗まれたんだ!!」社長は大声を上げた。

**教訓5　裏の裏をかけ。**

## 夕食会

国体の試合会場に行くと、リードルートのセッターたち6人が、私の本の出版記念食事会をしてくれるという。恐る恐る「ボルダー組はどうするのか」と聞くと「彼らはまた別の機会でいいじゃないですか」と言われたので、人数が増えない分だけホッとした。はたして店に行く途中、ボルダー組4人の乗った車が自動追尾ミサイルのようにつけてくる。そして店に着くと「東さん、偶然ですね」と同席してきた。

11人の宴会が始まった。宴会のなかで私が主役になったのは2回あった。最初の「東さんの本の出版を記念して、乾杯!!」というとき、そして最後に、みんなの食事代を支払いにレジへ行くときである。

**名言1　空っぽのポケットほど、人生を冒険的にするものはない（ヴィクトル・ユーゴー）**

## 承認済み

全国から国際級・A級のルートセッターが集まって会議をしていた。途中で昼飯を食べに行くのも億劫になるくらい協議内容はたくさんあったため、私が支払うから宅配ピザを頼もうということになった。（小澤）シンタがスマホで店を調べて、私に画面を提示した。代金は1セット4800円とあったので無言で首肯した。数十分後、ピザが来た。代金は9600円と言われた。ピザは2セット頼まれていて、あいつは合計金額のところを指で隠していたのだ。

**名言2　経験は最良の教師である。ただし授業料が高すぎる（トマス・カーライル）**

## 生涯初のクロスムーブ

夜、熊本県のジムに車で行ったとき、駐車場に前向き駐車しようとしたら車止めがなく、前方の側溝に落ちそうになった。あっとブレーキを右足で踏んだところ、すでに前輪の半分以上が落ちていて、パーキングブレーキを引いても効き目がなく、じわじわ落ちていく。

シフトレバーをバックに入れたが、ブレーキを踏んでいる右足を離せないためアクセルに踏み代えられない。そこでクライミングではしたことのないような足のクロスムーブを使い、左足でアクセルを踏んだ。しかし踏み加減がわからず躊躇した。強く踏むと勢いよくバックして後ろの車にぶつかるかもしれない。その間も、車はじわじわ落ちていく……。

**名言3　振り向くな、振り向くな。後ろには夢がない（寺山修司）**

## 情けは人の為ならず

高知県の知り合いに「東さん、ジムを建てたのでウォールの組み立て具合と強度の確認に来てください」と要請された。ここで恩を売っておけばと、無償で出かけた。

帰るときに真っ暗闇でものすごい土砂降りで、駐車場の出口が不明になり、大きな段差に前輪を落としてしまった。そこでジムのオーナーに助けてくれと電話。恩を返すチャンスを与えたのだ。

彼は傘を手に現われ、大笑いしながら私の脱輪を撮影。そのまま帰り二度と戻ってこなかった。

**名言4　たとえ今日負けても人生は続くのさ（ミロスラフ・メチージュ＝テニスプレイヤー）**

このなかに、最後の支払いが怖くて心からの笑顔でない人物が一人だけいます

# ジョークで勝負

クライミングはチャレンジングなスポーツであるから
困難や挫折感に直面することもある。
そんなときこそ、気の利いたジョークで局面を切り抜けるのだ。
深刻な状況を起死回生のジョークで乗り越えよう。

## パートナー編

クライミングは信頼のおけるパートナーがいてくれてこそ、パフォーマンスを発揮できる……。

**初心者の気持ち**

クライマー「今日初めてリードするから緊張します」
ビレイヤー「気持ちはわかります。僕も初めてのビレイです」

**危険予知**

サヤカが岩場でリードを試みようとすると、ビレイヤーのヨシキに「そのルートはすぐにルーフがあるので、グラウンドフォールしてもいいようにヘルメットをかぶったら」と言われ、1個しかないヘルメットを渡された。サヤカは言うとおりにして登りだした。果たしてサヤカがルーフの抜け口でフォールした瞬間、ビレイをしていたヨシキは衝撃で持ち上げられて、ルーフで頭をしたたかに打った。

**楽天家と悲観主義者**

ユタカとシンジがクライミングに行き、あるルートを先に登ったほうが夕飯をおごることにした。

楽天家のユタカは「あいつに先んじるのは悪いな」と思う。

悲観主義者のシンジは「今日の夕飯代が高くつく」と嘆く。

**ストイック・クライマー**

大勢のクライマーでにぎわっているエリアには、高グレードだがスモールナッツしか使えず、超ランナウトするので有名なルートがあった。墜落すると、幸運なら大ケガで済むという厳しさである。そこへあるカップルが来て、男のほうがみんなに向かい、こう言った。

「このルートを登りたいのですが、プロテクションはショックアブソーバー付きのものを10mにつき1カ所くらいしかとれません。登りに集中したいので応援は禁止願いたい」

そこに居合わせたクライマーたちは驚きを交えながら男に言った。

「なんと勇気のあるスタイルだ」

「真のクライマーだ！」

「ぜひがんばってください」

すると男は女性のほうに言った。

「さあ、行け！　ナオコ」

**積極的応援**

あるルートを、一人のクライマーが1時間もハングドッグしていた。

ビレイヤーのほうはずっと叫んでいる。

「がんばれ、ケンジ」

「落ち着け、ケンジ！」

「焦るな、投げ出すな。ケンジ！」

横にいたクライマーが感心して「そんなに長時間、よくケンジさんを応援できますね」と言うと、ビレイヤー曰く「ケンジは僕なんです」。

**レッドポイント命**

老人グループのクライマーのなかで、ある老夫婦が同じルートのレッドポイントをめざして何日も熾烈な競争をしていた。二人ともレッドポイントの目前だった。

しかし勝負がつく前に旦那のほうが亡くなったとのことで、晩秋のレッドポイント日和に、未亡人となった女性は若いパートナーと登りに来ていた。エリアに居合わせたクライマーが「亡き旦那さんを偲んで彼の分までがんばるのですね。ところで今日はいつもの老人グループじゃないのですか」というと、老女は「みんなは旦那の葬式に行っているわ」と答えた。

## 試合編

緊張の連続するコンペにも笑いのタネが潜んでいる……。

### 選手選考

国体にはボルダリングとリードの種目があり、チームは監督1人、選手2人で構成される。鈴木監督はどんな編成で2人を選ぶか悩んだ。木村はリードが得意、遠藤はボルダリング主体、原田はオールラウンダーでムードメーカーである。煮え切らない監督に佐藤会長は言った「鈴木！　おまえが原田と代われ！」

### 重要任務

リードコンペでの主なスタッフは、ルートセッターとビレイヤーとジャッジである。どの担当がより重要か言い争いをしていた。
ジャッジ「私がいないと成績の優劣がつかない」
ビレイヤー「私がいないと選手はフリーソロになる」
ルートセッター「私がいないと誰も落ちない」

**試合続行**

登り終えた選手から、最上部の巨大ハリボテが落ちそうになっているとの報告があった。

そのため、ルートセッターがアイソレーションルームにいる選手たちに向かって「直すのに1時間くらいかかります」と言うと、「ふざけるな！」「コンディショニングをどうしてくれるんだ！」と選手たちに異口同音に叩かれた。

仕方ないのでセッターが「じゃあ、そのままやります」と言うと、選手たちはパニックになった。

## 岩場編

岩場には危険がいっぱい、しかし魅力はふんだんにあふれている……。
◎ボルダーにチョークがたくさんついていた。
**東京人**：黙ってクリーニングする

**名古屋人**：憤慨してルートを替える
**大阪人**：東京人をうまく誘ってクリーニングしてもらう
◎ボルダー待ちの列に割り込まれた。
**東京人**：黙って見過ごす
**名古屋人**：怒鳴って引き返させる
**大阪人**：割り込み返す
◎既成ルートでも、より下から登ると値打ちが変わる。
**東京人**：お尻を地面につけたローポジションからのスタートに成功した
**名古屋人**：地面に横たわり、変態的なヨガポーズでのスタートを試みた
**大阪人**：ツルハシでボルダーを掘り始めた

**ROCK！**

ロックンロールかぶれのケンタはモチベーションを高めるため、岩場では常にイヤホンで音楽を聞いていた。

ある日、ルートの取付にいるケンタに向かって、ヒロシが真剣な表情で上部を指さして「LUCK！」と叫んだ。ケンタは我が意を得たりといったふうにニヤッと笑ってヒロシに向かっ

て指さしながら「ＲＯＣＫ！」と叫び返した。次の瞬間、ケンタは落石の下敷きになった。

**予期せぬ成功**

あるグループでは、オンサイトグレードを更新したら全員に夕食をおごる約束をしていた。そしてタケシは、自身の記録更新となる終了点まであと50㎝のところまで来て、その日は持ち合わせがないことに気が付いた。彼は思った。「ワザと失敗したふりをしてフォールしよう」

しかし気付くのが遅かった。そのルートの上部はやさしく、すぐ下のクイックドローまでは５ｍ以上離れていたのだ。

**ビレイ講習**

先輩のクライマーが、初心者にビレイを教えていた。「頂上に着いたらＯＫと言うので、ロープを持つ手を離してもいい」

そして彼は登りだした。しかしクライミング中に心配になり、ゆっくりテンションしてみた。ビレイヤーはきちんと止めてくれたので思わず「ＯＫ！」と叫んだ。ビレイヤーは手を離した。

試合中でも次のルートの構想に余念のないセッターたち

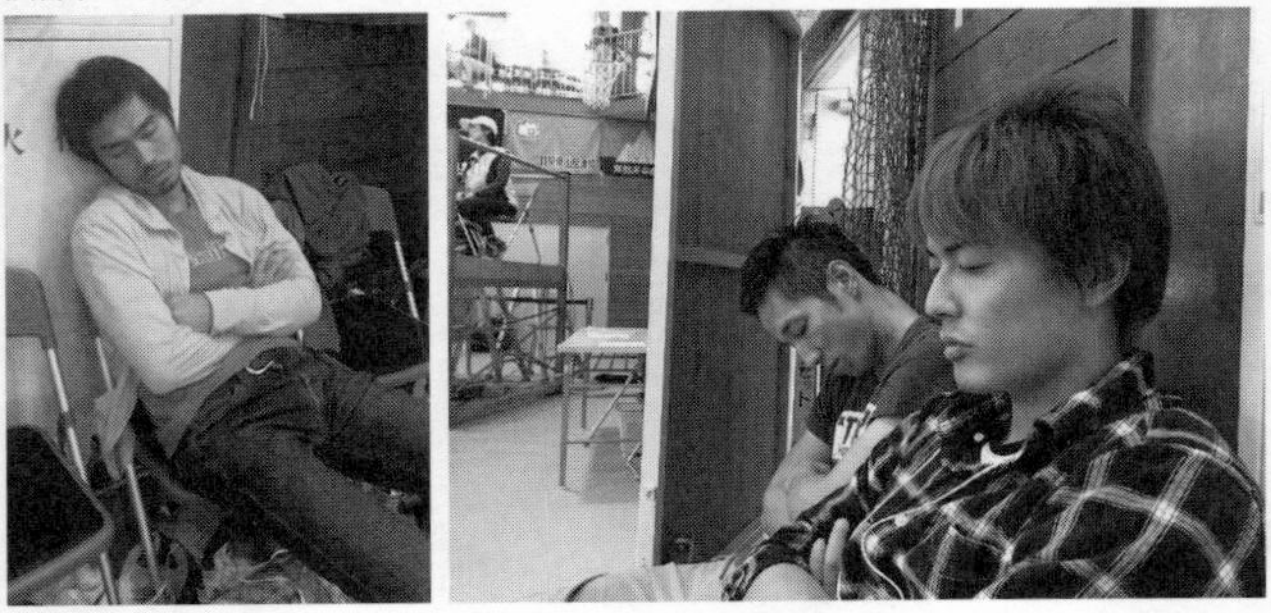

# 酒なくて何の己が岩登りかな

酒は百薬の長といわれ、クライミング後の一杯は格別である。一献の酒はクライミングシーンを綾どり、レッドポイントした喜びを倍倍加させ、オンサイトできなかった悔しさを和らげるのである。

## 酒はプラスかマイナスか

飲酒後、血中のアルコール濃度は30分から2時間でピークに達する。酒酔い状態になるといい気分になり幸福感が味わえるが、バランス感覚や動作の反応速度が鈍くなる。

アルコールはタンパク質の合成を阻害し、成長ホルモンやテストステロンを減少させるため、筋肉の成長や回復の速度は遅くなる。そのため、クライミング後の超回復による筋力アップや翌日の運動のための疲労回復を阻害する。

またアルコールが分解された後、アセトアルデヒドという物質が生成される。これがDNAを傷つけて細胞を傷め、がん化させる力をもっているということだ。細胞が頻繁に攻撃されると免疫システムも弱くなる可能性がある。

酒酔いからの解消時間はどうか。アルコールは肝臓で分解され、その処理能力は1時間に6～9g程度とされている。たとえばビール500㎖を飲んだ場合、その処理には2、3時間かかる。大きなほうの缶ビールを2、3本飲むとほぼ一晩中、酒酔い状態になるのだ。このアルコール代謝のために睡眠の質も悪くなるらしい。

クライミング後にやたら楽しい酒も、健康や運動生理面においてはいい要素がないということだ。この不条理に乾杯⁉

## 飲んだら登る

飲酒時のクライミングは厳禁。判断能力と運動能力が低下するからである。つまり気持ちは五段を一撃できるくらい大きくなり、機能は5級で落ちるくらい低下する。もちろん公共私営を問わずクライミングジムでは、飲酒時のクライミングは「施設の利用規則」で禁止されている。

ただし岩場では規則がないため、モラルがその代わりを果たす。しかし前述のように、酒は正しい判断を妨げる。危険なのは全員が酔っ払いになったときである。

和歌山県に石灰岩の岩場があった。われわれはそこでキャンプをして酒盛りを楽しんでいた。月がスポットライトのように煌々と輝き、そのステージたる石灰岩の白い岩壁を照らしていた。もはや、出演者を待つばかりである。

誰かが言った「クライミングしよう！」。悪いことに全員が酔っ払いだった。正常な判断ができないくらいの。

さらに最悪なのは、われわれ全員がクライマーだった。正常な人生が送れないくらいの。

みんながヤンヤヤンヤと囃し立てるなか、一人がリードで登っていった。幸いなことに酔っ払っていたので下のほうでテンションした。不幸なことにビレイヤーは酔っ払っていたのでうまく止められなかった。クライマーは転がり落ちて傷だらけになった。それでも、みんなゲラゲラ笑っていた。そしてクライマーもビレイヤーも笑いながら酒席に戻っていった。

## 飲んだから登らない

シルクロードを歩いて横断したという人並み外れたワイルドさをもつ先輩クライマーから、二人で湯河原へ登りに行こうと誘われた。関西から、夜という長いトンネルの運転を代わる代わる務めた。道々、先輩は「ザイルパートナーは大事にせなあかん」「交代しながらの運転もお互いがお互いのパートナーを運んでいるということや」と論じていた。

車は朝方、目的地に着いた。彼のハイエースの後部にはイスの代わりに畳が敷かれていた。長距離運転だったし、まだ暗かったので、明るくなるまで仮眠することにした。

朝、目を覚ますと先輩はもう起きていて、一升瓶を畳の上に置いて、岩壁を眺めながら座っていた。

「おはようございます！　まさにクライミング日和ですね」と声をかけた。すると先輩は赤らんだ顔でこう言った。「あー、東君。俺はもう飲んじまったから、一人で登りに行って誰かにビレイしてもらってくれ！」

## 飲んだら飲まれるな

あるコンペの後で打ち上げが計画されていた。その年の最後の試合ということで、酒席は大いに盛り上がった。参加者は大会主催者、有力選手、ルートセッターら、現在では業界の大立者もたくさんいたので、出演者は匿名にしたい。

一次会は競技会場近くのレストランで行なわれた。盛大な宴もお開きになるころ、誰かが叫んだ。

「Oがいない！」

店内を隈なく探すと、トイレにカギがかかったままだった。マスターキーで開けてもらうと、のちに国際××になるOは便器を抱えたまま酔いつぶれていた。このまま宴会が終わっていたら、この逸話の主役はOだった。しかし彼はこの荒れた夜の前走者（フォアランナー）でしかなかった。

二次会は、宿舎で行なわれた。酒が足りない、ということで、のちに国立××所の指導者になるKはコンビニへ買いに行った。彼には分別があった。酒酔い運転はせず、飲んでない女性に車を出してもらったのだ。

駐車場に着いたとき、彼は気を利かせて車の誘導を試みた。そして酒で低下した判断能力のわりにはみごとな誘導手腕をみせた。バックで駐車しようとしている車に向かって、ひたすらオーライ！　オーライ！と叫び続けた。そして立ち木にヒットさせて、彼女の車の後ろのガラスを粉砕したのだ。

のちにF協会の幹部となるDは飲み過ぎて吐き気がしたらしい。しかし彼にも分別があった。逆流したものをまき散らさず、クズ箱の中に戻した。しかしそこで力尽き、そのクズ箱をかぶったまま寝てしまったのだ。彼は実直なので、常にヘルメット(かぶり物)を愛用する習慣があったのだ。

後でDを探しに行くとクズ箱に頭を突っ込んだ姿勢だった。それを剥がしてやると、顔中が吐瀉物で覆われていた。コンクリートミキサーに顔を突っ込んだようなものだ。ただし中身は生コンではなく、宴会の皿の上にのっていたものを咀嚼して、彼の胃液とミックスしたもの。私は呼吸が正常であることを確認して、のどに詰まらないよう顔を横にしてから部屋を出た。朝彼が起きると、戻したものがカピカピに固まり、顔中がパックされていた。

Fがいない。夜もとっぷり更けた。飲み疲れてその場を寝床に、自分の肘を枕にするクライマーが増えたころ、「Fがどこにもいない」と騒ぎ始めた。12月の長野では、屋外で寝れば凍死である。みんなで手分けして旅館の内外を探していた。一つだけ鍵がかかっていて開かないトイレがあった。ドアの取っ手に足をかけて攀じ登り上からのぞくと、便器を抱えたFがいた。酔っ払いは便器を抱擁するのが好きだ。

しかし、そのFには頭がなかった。一瞬、猟奇的なシーンを想像し戦慄が走ったが、よく見ると首から先を便器の中に突っ込んで寝ていたのだ。彼を起こすのはシンプルであった。レバーをひねれば吐瀉物は流されて、顔もきれいに洗われるからだ。

「攀」と読むらしい。芸術書道家、平嶋元・筆

# 家内はクライミングパートナー

**近年、夫婦ともにクライマーということは珍しくない。山行のたびにビレイヤーを探す手間が必要なくなるが、岩場での不首尾が家庭内に持ち込まれる可能性もある。はたして人生のパートナーはクライミングパートナーとしても機能するのか。**

私の家内もクライミングをする。若いとき、私が13台をオンサイトするのに対して、彼女は10台をさまよっていた。しかし年齢とともに私の能力が下降し、経年とともに彼女は上がってきた。私がオンサイトを逃した12台を彼女がレッドポイントするに至っては、その追い上げに恐惧する日々が続く。

バックミラーに点ほどにしか見えなかったライバル車が、スリップストリームの利く真後ろにピタッと張り付いているようなものである。平均寿命は女性のほうが長い。とすると、いつか抜き去られ涙する日が来るのだろうか……。

## ミスリード

広島の岩場に家内と行った。私は初見でも11台ではまず落ちることはないが、自然の岩場でホールドが判別できないときは苦労することもある。

家内だけが触ったことのある11dのルートを登った。ものすごく難しくて、終了点直下で力尽きて落ちてしまった。すると家内は「3カ所くらいガバホールドを見逃していたわよ。あれじゃあ登れるわけがない」と言う。

家内の番になった。完登こそ逃したが、私よりスムーズなクライミングであった。シークエンスがまったく異なり、こちらが使っていなかった縦フレークも使っている。私の内なる声が言う。「なんだ、あんなところにガバフレークがあるじゃないか。次はいただき」

そして2回目に挑んだ。家内のつかんだホールドを見ていたので1回目よりも非常にスムーズである。縦フレークのところに来たので手を伸ばした。しかし全然持てない。「あいつに持てて自分に持てないはずはない」とそのホールドにこだわったが、力尽きてフォールした。服従のロワーダウン。なす術なくノックダウンされたボクサーのように倒れ込んだ私に、家内は言う。「あの持とうとしたフレークの奥に隠れたガバがあるのよ」

誰に負けようとも、家内に先を越されるほど悔しいことはない。完全に頭に血が上り、ロープを引き抜いた後、すぐさままたトライした。レスト時間がなかったので腕がパンパンになったが、必死にしがみついて完登した。敵はもはや横に並びかけようとしている。

## 初登争い

私は全国に数百のルートを開拓・初登している。開拓では、グレードの高いルートは初登まで時間を要することもあるが、12台までなら1回で登るため、掃除やボルト打ちといった作業がその時間的ウエイトを占める。また私は開拓作業が速く、一日に数本分を仕上げることができた。

自宅近くの岩場でボルト打ちが終わり、5、6本まとめて初登する段になった。家内にビレイをしてもらっていたが、あるルートに対して「登ってみる？　登れたら初登になるよ」と軽口を言った。

そのルートは25mと長く、内容はエリアでいちばんよかった。そしてコケ掃除とボルト打ちにたっぷり半日はかけていた。グレードは不明だったが、なんとなく家内には完登は難しいと思われたのだ。しかし油断できない。私の内なる声は叫ぶ。「神よ、他人の失敗を期待する私をお許しください」

もしオンサイトできなかったら「惜しかったね。それじゃ初登は僕が……」ということになる予想であった。しかし、こういうときの人間は思わぬ力を発揮するものである。期待もむなしく、彼女はそれまで見たなかで一番のクライミングを敢行して命名権を手に入れた。

これでは、ケーキを私が作り、最後のイチゴを家内がのせただけで「ケーキは私が作った」と言われたような衝撃である。勝ち誇ったような表情でロワーダウンしてくる家内を見て、私は膝から崩れ落ちた。

## ロープガンの日々

ある休日の朝、ベッドで目を覚ましてはいるものの、まったりしていた。人生でまどろみタイム以上に心地よい時間があるだろうか。

すると家内から「早く起きて！　岩場に行くわよ」と声がかかる。なんでも近郊の岩場にレッドポイントをめざしている11台のルートがあって、どうしても今日中にトライしたいらしい。

あたふたと準備して岩場に着くと、そのルートは夜来の雨のために濡れていた。しかし家内は「上部はもう乾き始めている」と言う。

別のルートを登っていた人に「このルートは登れますかね？」と尋ねると「よく使うホールド以外の部分には全体的に黒いコケが生えていて、濡れていると滑るので危ないと思います」とのこと。家内はそれを「つまりホールドを踏み外さなければ安全ってことね」と解釈した。そしてモチベーションもなく、いやいや帯同してきたパートナーを、いきなり主役に抜擢した。「トップロープ張ってきて！」

「おいおい積極的に登りたがったのはおまえじゃないか」と内なる声は言ったが、なんだかんだで最初のリードは私になった。このルートはクラシックルートなのでボルト間隔が遠い。さらにスラブなのでスメアリング多用となるが、手足が置けるのは「ヌルヌル滑るコケ」の生えていないピンポイントな部分だけである。

まず高い位置にある1本目のボルトまでで滑れば、当然グラウンドフォールである。2本目のボルトまでも遠いので、途中で落ちればもっと高い位置からの地面激突である。私は地雷原を這う兵士のようにじりじりと進んだ。数センチ踏み外せば矢のような滑落が待っている。

試しに、濡れた黒いコケの部分にスメアリングしてみる。靴はまったく摩擦なく滑り、ヒッと足を縮める。試したことで危険さは理解したが、それゆえ恐怖が増した。生唾を飲み込んで、使い込まれてコケの落ちた部分だけを探しながら進んでいく。壁自体が緊張感でコーティングされているようなルートだ。握力の消耗よりも、精神的な疲労が激しい。

勝利者のない戦いにとりあえず勝利し、やっとの思いで頂上に達してトップロープをセットした。

家内は一度試みた。どうも核心部のいい解決方法が見つからず、不満そうである。身を挺してクイックドローを掛けてきたこのルートもだんだん乾いてきたので、次は何時くらいに登るかと尋ねた。家内ははっきり答えた。「今日はもうやらない！」

休日の緊急出動要請でギアを選択中

# 油断禁物

徒然草では、木登り名人が、木に登っている人に対して「高いところでは声をかけなかったのに、低くなってから注意を促す」という話がある。われわれは高所志向だが、それは危険と背中合わせということでもあるので、どんなときでも油断してはいけない。

## 投げ縄

クラッシュパッドがまだない時代のハイボルダーでは、ボルダーの頂上にボルトを打ってトップロープで試登するスタイルも許容されていた。

問題は、まん丸で上部に回り込めない岩の頂上にボルトを打ちに行くケースである。その場合はカウボーイの投げ縄のように、岩の正面から岩をまたぐようにロープを投げ、背面の木や岩にロープを固定して、ごぼう（ロープを素手で手繰る）で登るのである。

私は何度かこの手法を試みたことがある。ロープを投げた後は、丸い岩の頂上から数ミリのずれもなく真ん中になるようロープ位置を調整する。まるで「真剣白刃取り」の演者の位置取りのように。そしてひとたぐり、ひとたぐり、慎重に体を上げていくのだ。もし横にズレたら？　岩盤への激突が待っている。実際アメリカで、この方法で登っているときにロープが横にずれてクライマーが墜落死するという事故例もあった。

## ツタ掃除

クライミングにおいて、岩についているツタ類は掃除の対象となる。これにはちょっとしたコツがある。岩の堆積土や雑草などは下部から順に取り除いていくのが効率がいい。反対に、ツタや岩の上部に生えている木の根を取るときは、まず上のほうをカットして一斉に引きずり下ろしたほうが早いのである。

ある海岸近くの岩場をフリーソロしていた。数メートルの垂壁を越えると「ツタがじゅうたんのように茂ったスラブ」があったので、そのツタを握りながら登っていった。途端、じゅうたん全体が下に向かって滑り始めた。そのままツタごと落下すると地上に叩きつけられる。私は四つん這いで必死に駆け上がった。しかしツタ全体はまるでランニングマシンのようにどんどん下がってくる。さらにスピードアップして岩の頂上に飛びついた。結果的に、掃除はあっという間に完了したのだ。

## 枠外墜落

今年の正月は（木村）伸介に誘われて、武庫川へボルダーに行った。登る順は「譲り合いの精神」で何人かの後に定めた。先人のムーブを見定められる順についたのだ。

初段のルートは、核心部は難なく突破でき、上部に向かうほど「完登」がイメージできてきた。頂上からクライミングの神が私に手を差し伸べているようである。しかし神は気まぐれなもの。完登まであと一手というところで、その手を引っ込めた。

つまりは行き詰まったのだ。頂上リップへは「右手出し」か「左手出し」か、先に登ったクライマーもここまで達していなかったので、どちらかわからず躊躇しているうちに、3日連続クライミングのためにスタミナが尽きてきた。

そして左手で頂上をはたいたが止まらなかった。私はマットの外の岩に墜落した。人生の逆転には0・5秒もかからない。どんなムーブで登ったら成功するかを示す代わりに、武庫川の河原がいかに硬いかを証明してみせたのだ。

## 喜びの質

今年になって和歌山のボルダーを開拓している。ボルダーの開拓での難は、木を伐ったり、下地の尖った小岩を移動させたりで、体力に結構ダメージがあることだ。さらに、岩に張り付いたコケを落とす労力は並大抵ではない。ついつい「まあこの辺でいいか」となってしまうのだ。

そして高さ10mくらいのルートに初登をかけて挑んだ。下部3m程度の核心をうまくこなして、上部は7mほどのイージーなスラブ。ただしコケ掃除が行き届かない部分は、どこでスリップして落ちるかわからないほどであった。後悔先に立たず、落ちればただでは済まない高さである。それでもコケの地雷原をかいくぐり、なんとか頂上に達した。グレード的には「突き抜ける歓喜」とはいかないものの、一応の達成感で満たされ舞い上がっていた。

ボルダーの背面には50㎝くらいの岩の割れ目があり、チョックストーンが橋を架けたように挟まっていた。ただし、その橋は巧妙な罠だった。初登の興奮で無警戒だった私がそれを渡ろうとすると一瞬で抜け落ちたのだ。そしてチョックストーンとともに岩の隙間に落下した。直径50㎝の石の下敷きになれば、ただではすまない。落ちながら必死で体を翻して、なんとか岩の直撃は免れた。岩の割れ目であおむけに倒れた私は、初登の喜びよりも、岩が当たらなかった幸運に浸っていた。

## 荒業実演

ルート開拓2日目。その日も5本の木を伐り、100kgを超えた岩を移動させていた。1本目は難なく完登して、2本目のチャレンジとなった。下地はそこそこ良好であったが、問題は核心部がヒールフックだということだ。この体勢で手が抜けた場合、後頭部から地面に叩きつけられることになる。

武庫川で懲りた私は「マット外墜落」すると大変なことになると思い、入念にクラッシュパッドの位置を決めた。陸上の100m選手が行なうスターティングブロックの調整よりも神経質に、何度もマットの重ね具合を調整した。マットのない場所で岩が露出した部分には、せめてもの緩衝材ということでザックをかぶせた。もはや盤石の体勢である。

数回トライしたもののヒールフックの先の一手が遠く、キャッチできない。体力も尽きかかってきたので、最後の試みに思いきって手を伸ばした。そしてまた落ちた。

後頭部に衝撃があり、まさに「ガツン!」というカタカナが脳裏に浮かんだ。「あれだけ入念にマット位置を調整したのに!」と痛みに頭を抱えながら、何が当たったのか理解できないでいた。

後でわかったのは、スポッターの膝にヒットしたということであった。プロレスでの最も過激な技である「バックドロップ」を披露したのだ。それはロープの最上段くらいの高さから、あおむけのままスポッターの膝頭に後頭部を叩きつけるという荒業であった。

後頭部にヒット

# 大人のクライマー養成講座

クライミングジムの増加とともにクライマーの数も増えてきた。またポピュラーな岩場は相変わらずのにぎわいを見せている。人が多く集まると、どうしてもルールやマナーが必要となる。
今回は、大人のクライマーとして身につけておきたい「たしなみ」の話。

社会の規律を守るためには法律や規則といったものが欠かせません。また、ジムには「利用上の注意」が、岩場には「申し合わせ事項」といった明文化されたルールがあります。しかし、そういった規則に頼らないスムーズな対応、人との関わりにおける潤滑油を携えたものが、大人のクライマーなのです。

## 1 ジム編

### ルートの順番

混んでいるジムで登っているとき、次に誰が登るのかデリケートな雰囲気になることがあります。意欲満々の若い衆などは「西宮神社の福男選びのスタートくらい」いきり立っています。そんなときはマットの最前列に詰め、「登る意志」を表わして身構えます。逆に最前列にいてルートが空いたのにトライせずチョークアップを繰り返しているようでは、野暮の骨頂です。

もし出合い丁場になったら、まずはすっと譲りましょう。天国に行くいいチャンスができたというモノです。自分が譲られたら「ありがとうございます！」と声を掛けて登り、そして登り終えたら、ササッと核心部をブラッシングして下がります。相手はクリーニングされたので譲ってよかったという気分になるのです。

**アース**

ボルダーではスタートを切ったら足がマットについてはいけませんが、こすってもいけないルールです。競技では当然、登り直しを宣告されます。しかしジムでは、その辺はアバウトな基準となります。

「髪型が変」とか「口がくさい」などストレートな物言いで、思ったことをそのまま口に出していいのは子ども時代だけ。もしマットに足がこすっても本人がやめないかぎり、指摘しないのが武士の情け、大人の気配りです。間違っても「今のは完登じゃないね」などとツッコミを入れてはいけません。

**新品のシャツ**

クライミングメーカーの衣類は決して安いものではありません。そのため、クライマーは大枚をはたいて買った新しい服が似合っているか心配なものです。その日のパフォーマンスは体調よりも着ている服に左右される人もいるほどです。実際のところ、他人がどういう服を着て登っているか知ったことではありません。しかし、それで済むほど大人の世界は甘くないのです。

おろしたてのTシャツにしっかりした折り目を見つけたら、それはまさしくおニューです。そこで「おっ、新品だね」と声を掛けるのは無粋の極み。それでは似合っているかどうかの評価になりません。「そのシャツの色が似合うね」と褒めるか、ブランドを指摘して自尊心をくすぐってあげましょう。さらに「僕もそんなのが欲しかったんだ」とうらやましがったり、「体形がシャープだからよく似合う」など本人と関連づけて言えたりすれば合格です。

## 2 岩場編

**マット**

ボルダリングでは人気ルートの下に多くのクラッシュパッドが敷かれていることがあります。そのなかの大部分のマットは他人のものです。関西の岩場に行った有名クライマーが、マットを土足で踏んでローカルクライマーからどやしつけられたことがありました。地方によっては「マットに乗っていいのはクライミングシューズを履いたときだけ」という暗黙のルールもあるのです。

クライミングツアーに行って、ジモティたちとご一緒させていただくときは、「これがグローバルスタンダードだ」などといつものスタイルを振りかざしてはいけません。たとえ世間的には奇妙な掟であっても、機敏に彼らの行動を察知し、全力でローカルルールに融合できてこそ大人というものです。

**車を寄せる**

エリアに着くと指定された駐車スペースに車を止めます。ここで一番乗りしたクライマーがど真ん中に止めると、4台入るはずが3台しか止められない配分になります。

クライマーの社会は狭いモノ。配慮のない止め方を続けるクライマーは、どこで恨みを買い続けるかわかりません。もちろん同乗者も同罪で、ややもすれば非難の流れ弾に当たりかねません。最初に着いた車は端に止め、他車の駐車スペースに気配りできてこそ、クライミングコミュニティの住人となれるのです。

**山でのトイレ**

岩場で、エリアとは反対の方向に歩いていく人を見かけることがあります。そこで「どこ行くの？」と声を掛けるほど残酷なことはありません。それでなくても切羽詰まった状況かもしれないのに、超プライベートなことに触れてほしくはありません。また親切心で「あの木の陰がいい」とか「コーナーを曲がったら誰にも見えないから」などと言うのも余計なことです。用を足した場所を確定されるほど恐ろしいことはありません。

## 3 インストラクター編

### 入場制限

入場年齢に達していない児童がクライミングを希望して来場したとき、保護者にその旨をストレートに伝えると「拒否された」というイメージが先行して気を悪くされます。またお客様のなかには素直に従うのをよしとせず、「インスタに上げたいのでせめて写真だけでも」と食い下がる方もいらっしゃいます。人は拒絶されると反感をもちますので、こう言います。「大変申し訳ございません。お客様の安全のためにお子様はご使用になれません。でもお母様は大丈夫です。ぜひ登ってください」

そうすると「いえ、私は結構です」と自らその場を離れようとします。こちらの立場は〝ウエルカム〞ですから決して悪い印象をもたれることはありません。

**巧くない人には**

ジムに来られる方のなかには、超初心者クラスのルートでも登れない人がいます。そんな方はほとんどリピーターにはなってくれません。しかし、このジムの衰退期にそのような客でも捕まえられないスタッフは無用の長物、あなたの将来はみるみる排水溝に吸い込まれていきます。

ゴールまでいけない客には、砂漠に咲く花さながらの明るい声でこう言います。「確かにルートの上はゴールですが、大切なことは体を動かしているという事実です」「ジョギングでは途中までしか走れなくても、走っていることで健康増進に役立っています。クライミングではゴールするよりも登るという行為こそ大切なんです」と目的の意識を変えるのです。

真実は数学と化学のためには完璧だが、人生には適さない——エルネスト・サバト（アルゼンチンの作家）

きちんと並んで待とう

# 2021-2023

詰めの甘さにご用心

コンディショニング

見習うべきモチベーション［女性編］

ルート開拓は慎重に

不幸の連鎖

クライミングギアの世界

ルート開拓

クライミングロープ

素敵なジムライフ

クライミング100年

クライミングラボ番外編 「ヤバい」の原点

クライミングラボ番外編 「ヤバい」の原点 その2

# 詰めの甘さにご用心

クライミングにおいて「完登まであと一手だった」や「終了点に触った」は失敗である。
最後まできっちり登らないと「成功」とはならないスポーツなのだ。
つまり大事なのは終盤での踏ん張りであり、
詰めの甘さは命取りとなる。

## 完登不成立

四国の海岸沿いの岩場で5・12dのルートをトライした。このルートの序盤は拍子抜けするくらいやさしく、中盤では締まってきたがダメージを受けるほどでもなかった。オンサイトのチャンスが、もみ手をしながら近づいてきたのだ。

しかし終盤はホールドが細かく、ムーブは悪くなっていた。極めつきは終了点への明確なクリップホールドがないことである。私ならルート紹介に「百里の道を行くときは九十九里をもって半ばとせよ」という家康のセリフを薦めるだろう。

なんとかゴールまでたどり着き、必死でロープを手繰って、カラビナにあてがおうとした。なんと！　カラビナのゲートはねじ式で閉まっていた。悪いホールドで耐えながらゲートを回したが、潮のせいで錆びていて動かない。仕方がないのでラックに掛けていたクイックドローを探った。

なんと！　クイックドローは保持している手の側に掛けてあって取りにくかった。度重なる不運にもめげず必死で終了点にカラビナを掛け、ぶるぶる震えながらロープを手繰った。しかし抵抗もそれまで。溺れる者が救命ボートの縁から手を離して沈んでいくように、力尽きてロープを持ったまま落ちてしまった……。

私を応援してくれていたクライマーたちには、いいショーだっただろう。降りてくるとみんなうれしそうに「惜しかったですね」と声をかけてくれた。

## 最終試験

東北地方でのボルダリング施設の工事の後、役所から連絡があった。「うちのスタッフが登ったらホールドが割れたので、取り換えに来てほしい」

管理スタッフはフィットネスクラブと兼任なので、思い浮かんだのはシャープな体格のインストラクターであった。割れた原因は不良ロットなのかもしれない。ヨーロッパで製造されているホールドは「欧州規格によって耐荷重150kg以上」となっているからだ。

現場に着くと、割れたホールドは思ったよりも大きく、しっかりしているように見えた。担当者からは「もう割れることがないよう、一度すべてのホールドを確認してほしい」と言われた。そのため、全ルートの全ホールドに体重をかけて荷重テストをした。もちろん、ホールドは私ごときの体重（50kg）ではびくともしない。

すべて確認した旨を役所に電話したら「わかりました。もうこれ以上割れることはないでしょうね？」と聞かれたので、「絶対ありません。保証します」と返答。すると「最後にスタッフにもう一度登ってもらいますので待っていてください」と言われた。

数分後に訪れたのは体重が100kgを超えているであろう関脇のようなスタッフだった。歩いてくると、私が墜落したとき以上にマットが凹んでいる。犯人現わる。ホールドが割れた原因を即時に理解した。

その関脇の試登が始まった。ガバホールドはミシミシ音を立てている。「割れることは絶対ありません。保証します」というセリフが頭の中でこだまする。脳裏に衝撃荷重のことが浮かんだ。ホールドに踏ん張ると150kg以上の荷重がかかる可能性もある。私は最終的な対策を試みた。最後の審判を受ける罪びとのように、マットにひざまずいて祈り続けるのである。

## ラストチャンス

室内ジムに登りに行った。めざすルートは5・13台である。核心部は悪いホールドで、悪いムーブのままクリップする部分であった。

2回トライしたが、フォールした。しかしムーブはすべて固まり、そのクリップが成功すれば「完登間違いなし」の感触を得た。そして時間的にその日の最後のトライとなった。

ほかのクライマーのロープが引き抜かれた後、すぐにトライした。ほぼ完璧な内容で核心のクリップまできた。集中力を高め、ロープを手繰ってカラビナにあてがった途端、違和感があった。見ていたクライマーからはどよめきが起こった。

前のロープが引き抜かれたときにカラビナが反転していたのだ。「神よ！　私を見放すのですか」キリストがゴルゴダの丘で叫んだ言葉が私の口を突いて出た。

ロープをいったん手放し、慌ててカラビナを直した。私の顔から「余裕」が剥がれ、フォールしていった。もう一度クリップしようとしたが、ホールドを持つ手が耐えきれず、私もまたフォールしていった。

## ビレイの掟

クライミング中にロープを張ってほしいときは「テンション」と言う。しかしこれは和製英語で、海外では「テイク」が正解である。また、これ以外に、インターナショナルなルートセッターの合図には「ブロック！」というのもある。「オレは作業するのだから1ミリも降ろすな」ということである。

ルートセッター講習会で講習生が作ったルートを登っていたときである。（松島）アキトのビレイを私がしていた。ビレイヤーの資質は「クライマーの合図にどれだけ過敏に反応できるか」というものだ。「テンション」の0・5秒後にはもうロープをスタックできていないとアマチュアの範疇になる。

アキトが上部に到達して「張ってー！」と言った。私はテンション速度を速めるため、ロープを張りながら飛び下がった。プロのクイックアクション。完璧なビレイである。

ただし、後ろに高所作業車の鋼鉄のブームが横たわっていたのは知らなかった。過激なアクションは、それに後頭部をしこたまぶつける行為に直結した。ゴーン！という音が響き、脳みそがこぼれるほどの衝撃があった。それでもロープを離さなかったのはプロたる所以である。

## 裏を見せ 表を見せて 散るもみじ

関東の石灰岩の岩場に行った。目的のルートを登ったので、適当なイレブン台のルートを登ることにした。多少の手応えはあるもののダメージを受けるほどではなく、上部まで登り詰めた。だが狙ったルートでもなければ、トポをよく見たわけでもないので、終了点がどこにあるのかわからなかった。

思わず「終了点はどっち?」と叫ぶ。すると下から「東さん、左! 左!」と声がする。しかし左側の岩は枯れ葉で覆われていて、それらしいものは見えない。「おそらくこの葉の中にあるのだろう」とランナウトしたまま、ガサゴソと枯れ葉をかき分けてみた。終了点はない。土が見え始めるころ、余計な作業で腕がパンプしてきた。今度は必死で捜索範囲を広げる。見つからない! それでも溺れる犬のように、私は枯れ葉の海を両手でクロールした。大量の枯葉が落ちていく。そしてとうとう力尽きた。

私が落とした枯葉は優雅にひらひら舞い落ち、私は彼らを追い抜くように急降下していった。ロングフォールはビレイヤーの目の前で止まった。見上げると終了点は右側だった。

ビレイヤーの後頭部は鋼鉄のブームの餌食に

# コンディショニング

クライミングの対象となる岩やウォールは固定されたものであり、
時間や季節によって変化するものではない。
なのに難しさが変わるのはコンディションが変わるから。
最高のパフォーマンスを出すためには体も環境も、
よりよい状態に維持・調整する必要がある。

## 高熱ホールド

コンペでは競技壁のコンディション維持も重要な要素である。とりわけ雨天の試合ではホールドを濡らさないように配慮する。その点、晴天下の大会では何の心配もいらない。

2019年のジュニアオリンピックカップは世界選手権の影響で、例年の8月開催から9月開催に変更された。そのため、気温が高い8月よりも、選手にとって良好なコンディションを与えられると思われた。

ただし、その日の太陽は「入念にロープを結び、シューズのひもをきつく締め直し、液体チョークをしっかりと乾かして雲から出てきた」ように、やる気満々であった。

そして異変は最年少クラスの「黒いホールドのルート」で起こった。何人かの選手が途中でホールドから手を離して「パーミングホールドで火傷した」というのだ。調べてみると、ものすごく熱い。皮膚は70℃以上のものに触れたら1秒で火傷するということだが、夏に直射日光を浴びた器具は70℃を超えることもあるらしい。

この要因は熱を吸収しやすい黒いホールドにあった。また「8月開催なら太陽が高くて屋根で日陰ができたが、9月は太陽が低くてウォールに日が差した」こともホールドを熱くした原因である。

結局、日陰になるまで試合中断となった。そしてウォールを管理する役目であるセッターとして、私は日光の当たる最上部にも遮熱シートをかぶせて待機することに。しかしこの衆目を集める位置は不利過ぎた。競技続行不能の責任を一身に受けるようなポジションに思えた。当然の言い訳として、カミュ作『異邦人』の主人公が殺人の動機として語ったセリフが頭を巡る。「太陽のせいだ」

## 錆びたボルトの耐力試験

岩場のコンディションは季節によって変化するが、経年的には劣化していく方向にある。

三重県の岩場でパートナーのビレイをしていた。クライマーが「核心部のボルトが錆びて腐っているので突っ込めません」と言ってきた。そしてロワーダウンしてからパートナーがこう宣言した。「代打、東!」。ネクストバッターズサークルから進み出た私は余裕しゃくしゃくで「トップロープを掛けてきてあげるよ」と答えた。

ロープを受け取って選手交代。核心部をテンションせずクリアして、次の健全なハンガーにクリップしようとして驚愕した。丸腰（一切のドローを持っていない）だったのだ。ガンマンが決闘にピストルを忘れたようなものである（クイックドローは「早抜き」の意味)。もはや、状況は2ピン分ランナウトしているのと同等である。

グレード的にはこの先のフリーソロは可能であるが、岩が絶対に欠けないという保証はない。さらに終了点が「結び替え」であったら絶体絶命だ。

私は服従のクライムダウンに移った。「クライムダウンは登るよりも倍難しい」のが通説である。もし落ちたら、身をもって錆びたボルトの耐力試験をすることになるのだ。

## 自転車に追突されて

クライミングの能力を維持するためには日常のトレーニングが重要である。つまり日頃の体調管理がものをいうのだ。ケガでトレーニングできなくなるのは、クライマーとして最も避けたい事態である。

ある日、ジムに友人と行った際に、私は軽く片足を引きずっていた。どうしたのかと尋ねられたので「昨日、自分が乗っていた自転車に後ろから激突された」と事情を正確に伝えた。友人はケガをしたのは「頭」のほうだったのかと訝しげだった。

私は状況を説明した。自転車に乗って信号待ちをしていた。青信号になったので立ちこぎで強くペダルを踏んだ。緩くなったチェーンが空滑りして、私はその勢いで前のめりになり、ハンドルの上に腹を載せた状態で制御不能なまま走り続けた。スーパーマンが空を飛ぶような格好である。そして、道路脇の鉄柵に頭から激突すると思った瞬間、前輪が縁石にぶつかって自転車の速度が緩まった。加速度がついている私の体だけ、前方に投げ出されて道路に着地した。後ろから自転車の前輪が私の足に当たった!

軽いケガですんだのは日頃のコーディネーションムーブの練習の成果である。

## 闇夜の激闘

私が最も好んでいる漁は「夜間に渓谷を遡行してモクズガニを捕る」ことである。モクズガニは上海ガニの亜種であり、大変おいしい。昼間は水中の岩の下に隠れているが、夜になると捕食のために淵の中に出てくる。それを携行ライトの光で探し出して手づかみするのである。

ただし、夜間に単独で沢登りするのは危険が伴う。クライミングを心得ているし、暗くて高度感がつかめないので滝でも迷わず直登してしまうのだ。さらに暗闇の渓谷を一人たどるのは心細い。前方には山に住む「物の怪」が待ち構え、後方からは「妖怪」がひたひたついてくる気がする。気配を感じて振り返り、漆黒の闇をライトで照らしてもそこには何もいないのだが……。

ある秋、アジア大会のルートセットのために海外へ行く前日に漁に行った。その日は不漁で500mくらい遡行しても一匹も捕れなかった。ある深めの淵で、ライトの中にやっと大物のカニを見つけた。カニは水深の深い岩の間にいた。

瞬間、「絶対逃がすものか」とカニに向かって、トライを決めるラグビー選手のようにダイビングした。いつもはカニの甲羅の側面を指でつかむのであるが、このときは焦って甲羅の前後をつかんでしまった。そしてカニは岩の間に逃げようとする。さらに、大きなハサミで私の人さし指を挟んだ。

ハサミは人間の親指と人さし指くらいあり、私の指は千切れるほど痛かった。そこで少々のケガを覚悟して、一気に指を引き抜いて決着をつけたかったが、無理をしたら人さし指はクライミングできなくなるくらい傷つくだろう。そうなるとアジア大会のルートセットはどうなる?「昨晩、カニと格闘して指が切れました」では、スタッフの備考欄に「頭のイカレたセッター」と特記されないだろうか……。

さらに、深い淵の水面は私の口の高さギリギリにあり、呼吸を続けるためには身動きできない体勢であった。数分、動かさずにいると、カニの締める力がやや緩んできた。そこでそろそろと指を引き抜こうとすると、再び強くギュッと締めてくる。「痛ててて!」

長い膠着状態に陥った。はたして明日からのルートセットで手は使いものになるのか。暗闇の水中にうずくまり、片手を穴の中に差し入れたまま、「不幸の肖像画」ように微動だにできず、運命の夜は更けていくのであった。

防熱シートをかぶせて、ひたすら待ち続ける

# 見習うべきモチベーション［女性編］

クライミングは「困難への挑戦」という要素が高い。
そのため「やる気」がないと、
取り組む回数も登るグレードも停滞気味になる。
モチベーションを上げる要素の一つは
クライミングに励んでいる人の行動に触発されることである。

## 岩乗なオールラウンダー／Mさん

山行頻度とクライミングのレパートリーがすごく、１週間前に屋久島のマルチに行ったたと思ったら、今週は紀伊半島先端の未登岩壁に新ルート開拓し、来週は八ヶ岳にアイスクライミングに行くというようなことを一年中行なっている。

さらにその内容には「大阪での勤務が夜に終わってから単身、車で４００㎞以上運転して北アルプスに向かい、未明に到着してから仮眠。早朝から冬山を登った後、車で夜遅くに帰宅して翌朝出社」というような弾丸ツアーも多い。11日間北アルプス単独行、冬でも外でハンモックで寝るなど、武勇伝もたくさんある。

ちなみに、ひと月の行動を聞くと、ある月はボルダリング1日、フリー3日、マルチ4日、ルート開拓1日。さらにほかの月では、フリー1日、アイストレ1日、アイスクライミング5日、アルパイン1日、ルート開拓2日と、休日はすべて山行に費やしているという。

ジャンルが違うと用具も多大なものになり、手入れも大変である。泥だらけのカムやベルグラで曲がったバイル、ぐしょぐしょに濡れた沢靴、露営して湿ったシュラフ。これらをケアしながら、次なる対象の情報を整理するための時間を考えると、生活のほとんどをクライミングに向けているといっても過言ではない。

**消極的同意**

Mさんはこう言ったこともある。「北アルプスにマルチに行こうと知り合いの男性クライマーを誘ったんですよ。『夜から車で出て早朝着、一日登って夜半に帰宅』というプラン。そしたら『一日のツアーでは交通費がもったいない』って言うんです。交通費が惜しくて行かない人なんか、クライミングをやめたらいいんですよ。東さん、どう思います？」

その言葉は鋭いアイスバイルのごとく私の心に刺さった。雪崩のように絶対に抗えないものには、ただ身を伏せて危難をやり過ごすのみだ。「モチベーションの有無」というクライミング界で最も正統な問いかけに対して、私は「ごもっともです」とMさんに同調しながら、男性クライマーにいたく同情するのである。

## 鋼鉄のモチベーション／Nさん

ジムで声を掛けられて、一緒に登っていると、こちらが気後れするほど難しいルートを登っている。時々一緒に登るようになってキャリアを知った。以下はNさんのクライミング来歴である。

20代後半になってから健康にいいことをしようという気になって、クライミングを始めたんです。そしたらだんだん夢中になりました。

初めて外岩で1級を登ったのは奥多摩でした。夫（当時は交際中）を誘うと、台風が来ているとの理由で断られました。そこで、ほかの男性クライマーと行ったのですが、彼だけ登れたときに急に雨が激しくなってきたんです。そのため諦めて泣きながら駅まで戻りました。そしたら雨がやんだので、コンビニでありったけの雑巾を買い、ボルダーに戻って拭きました。それで初めての1級が登れたんです。

秋に初めて瑞牆のボルダーに行きました。「もうこんなすばらしい場所はない」と思い、いつでも来られるようにと、戻ってすぐ自動車学校に申し込みました。それで運転免許を取ってから、すぐに車を買ったんです。それまでは千葉県に住んでいたのですが、混雑する首都高を通らずに瑞牆へ行けるように、東京の西側に引っ越したんです。

仕事が忙しいのでたびたび徹夜があります。ある日も徹夜して、昼頃になると上司から「仮眠してこい」と言われました。それから迷わずジムに行ったんです。その後、会社に戻るとまた徹夜になったのですが、そのときはさすがに後悔しました。

私は出張先で、一人でジムに行くことも多いんです。それでアップのためにやさしいルートを登っていたら、どこのジムでも常連らしい男性が「一緒に登ろう」と声を掛けてきます。最初は一緒に登るのですが、私が1級を登ったりすると知らない間にいなくなります。

## 真打ち登場

Nさんと福島の安達太良山のボルダーに行ったときである。あそこはトポがないので、東北の友人に連絡すると、2人同行してくれるとのことであった。待ち合わせの駐車場に着くと「なんだ東さん、女性と一緒かよ」と、友人の顔は言っていた。最初トライしたルートは1級で、1回目のトライでは東北の同行者たちは登れなかった。私がトライするとピキッと腰に痛みが走り、戦線離脱。そしてNさんは最高到達点を刻んだ。クライマーの地位はシーソーゲームのように、到達高度によって入れ替わる。その瞬間、主役はNさんで、われわれはただの案内人と随行者であることをわきまえたのであった。

## 炎の達成者／Sさん

日々ジムで練習するクライマーは少なくないが、勤務の前後、それも早朝や深夜に連日、岩に行くとなると、よほどのモチベーションがないと不可能である。それを遂行できるエネルギーをもっているSさんの話である。

関西にいたころは出社前に北山公園へ朝練に行っていました。早朝にマットを持って一人で登り、それから出社するんです。

中部地方に異動してからは岐阜のボルダーの二段のルートが登りたくて、仕事が終わった後に片道1時間強の道を毎晩一人で運転して通いました。22時くらいにエリアに着くんですが、スポッターがいないので、多めにマットを敷かないと危険。そのためクラッシュパッドを3枚担いでボルダーに行き、周囲にライトを置いて3時間くらい登るんです。家に帰ると午前2時くらいになります。

初めはまったく歯が立たなかったんですが、毎日登っているうちにだんだん到達点が高くなり、とうとう登れたんです。

## 逆襲のシンデレラ

都内のジムでSさんに出会った。私は新品のクライミングシューズを携えていた。それはウーマンタイプで、カラーリングもまたしかりであった。慣らし履きのため、ポリ袋に足を入れてからシューズを履いた。登ってもまずまずの感触であった。

Sさんが目ざとくシューズに気付いた。「東さん、それ新しいの？　ちょっと履かせて」と言われたので、そのまま貸した。それを履いた彼女は「キャーかわいい。私の足にぴったり。色も超ステキ」と言いながら喜んで登っていた。

そしてモチベーション界の最下段にいる私が聞かされたのは、旧約聖書の預言者の言葉のような「深夜通いのボルダー」の話である。帰る段になって「これはもう私が履くしかないと思うの。もらっていい？」と言われたとき、シューズは神に捧げる供物になり、彼女と共に更衣室に消えていった。

そして主役は彼女になった

# ルート開拓は慎重に

何十年にもわたりルート開拓して数百本もルートも作っていると、ロープにぶら下がるのはまったく自動化され、ドリルで岩を穿ってハンガーを付けるのも歯を磨くことと変わらないくらい慣れてくる。

しかし本当の怖さはその「慣れ」の中に潜んでいるのだ。

## 壁の真ん中で「ウソーッ！」と叫ぶ

ルート開拓に最も適しているのは冬の晴れた日である。木の葉が落ちているので、岩が見やすく、木を切っても嵩が少なくて済む。また空気が乾いているので、岩に付いたコケや泥を落としやすく、作業しても暑くてつらくなることはない。これに対して夏の雨の日はいちばんきつい。前述とまったく逆の環境になるからである。

岩場によっては開拓の理想的な環境を選べない場合もある。発表済みのクライミングエリアでは作業中の落石が岩場にいるクライマーに当たらないように、わざとクライマーのいない「雨の日」を選んで開拓することもあるのだ。

ある雨の日、一人で既成エリアのルート開拓に行った。雨の中でつきあってくれる酔狂なパートナーはいないし、何より浮き石を落としても他人に当たる心配がないので単独で開拓するのは好きなほうだ。

その日はマルチピッチのルートを作る予定であった。途中に「樹林帯」のような箇所が何カ所かあり、木を切ったり土を剥がしたりするのに苦労した。土砂降りの雨の中でぶら下がりながらユニットバス数杯の土砂をかき落とすのである。ヘトヘトになりながら作業を続けていると濡れたロープは土まみれになっていた。そして土が付いたロープをグリグリで下降すると目の前のロープの水分が絞られて泥が顔に飛んでくる。あっという間に泥パックのできあがりである。

そして泥で目がふさがった状態で、次なる作業は灯油缶くらいの浮き石の排除である。バールで掘り起こして、壁から落とそうとした。セオリーは「いかなるときもロープを巻き上げてから浮き石を落とす」ことである。

ロープは私の5mくらい下の「土のテラス」に生えた木の根元を境に空中に垂れていた。しかしその日は激しい雨の中で極度の疲労状態だったし、浮き石を落とすごとに「濡れて泥だらけの重いロープ」を数十メートルも巻き上げるのは嫌だったし、倦怠は希望的観測の卵であった。「壁と木の隙間にロープがあるということは大きな落石は絶対にロープには当たらない」と確信したのだ。

私は壁にぶら下がったまま岩を剥がすと、すごい勢いで壁を転がり落ちた。そして木の根元の土に突き刺さり、ロープを押さえた。あまりにも奇跡的なアクシデントに思わず「ウソーッ!?」と叫ぶ。あと百万回落としてもこんなにも見事に着地しないだろう。

岩の重みでロープはピンピンに引っ張られていた。下から強い力で引かれるとグリグリはレバーを引いても下降できない。なんとかロープを弛ませようと引っ張るものの、泥でズルズルになったロープはむなしく滑るだけである。私は濡れて重くなった雨具のような孤独感のまま、ピンでとめられた昆虫採集の標本のようになすすべもなく壁に固定された。

**背中を押したのは誰**

ルートを作ろうとした岩壁には大小50本くらいの木が生えていた。それを下から順番に切って落とす。上から順に切ると切った木が下の木に重なるため、下から作業するほうが効率はいいのだ。それでもマルチピッチでは投げ下ろす途中に岩に引っかかるものも多いので、何回もスイッチしながら岩場の基部まで落とすのはひと苦労である。

さらに落とした木が何本もロープに絡むと、木の重みでロープが引っ張られて、上から引いても抜けなくなる。ホーキング博士が「時間と共に宇宙のエントロピー（乱雑さ）が増加する」といった法則を提唱してから、イヤフォンのコードは結ばれ、釣り糸はもつれ、開拓クライマーのロープは絡むことこそ自然の理であるとされたのだ。そのため作業の経過と共にロープはスタックしてしまう。この宇宙の普遍的な法則のもとで散々な苦労をしながら木を伐採していくのである。

そして既成の岩場の基部にうずたかく積み上がった木は、次にエリアを訪れたクライマーの邪魔になるので、その日のうちに処理する必要がある。落とした木を切り刻むのには意外と時間がかかるのだ。

しかしこのエリアでは、神は荒天の中で懸命に働く私を見捨てなかった。岩場のすぐ下が10ｍくらいの崖になっていたので、切った木は順番に崖下に投げ込むだけでよかったのだ。木を投げるときは株のほうを下にして投げ込む。そうすると飛距離が出やすいので、木が積み重ならないように遠くに投げることができるからだ。

この日は激しい雨粒がバチバチと雨具のフードに当たって、私の注意力を削いでいた。それでも夕方も近くなり作業を急ぐため、私は極限の疲労の中でひたすら「やり投げの選手」のインターバルトレーニングのように木を投げ込む作業を繰り返していた。

ある時、ひときわ長い木を持ち上げて株側から投げ込んだ。木は私の肩口から崖下を目がけてロケットのように飛んでいく。ただしその木の上のほうには葉をつけた枝が茂っていた。そのため広がった枝は崖を見下ろしていた私の背中を押すようにヒットした。不意を突かれた私は「うわぁーっ」と叫びながら、なすすべもなく崖に向かって落ちていった。

幸運なことに崖の左側にはまだ切っていない木があった。虚空に身を躍らせながらも必死でその木をつかんだ。両脚は空中にぶらーんとなったが、両手はしっかりと木を捕まえていた。雨は雨具で遮っていたが、雨具の中では冷や汗のシャワーを浴びていた。

## フィニッシュブローはアッパーカット

あるエリアを開拓しようとしたが、岩場の下には大きな樹木が茂っていたため、チェーンソーを購入して伐採作業から進めることにした。チェーンソーは快適だった。今までノコギリを使って力の限り挽いていた木も、チェーンソーでは豆腐に刃を当てるように簡単に切っていけた。作業はあっという間にはかどり、切り倒した木は岩場の下にうずたかく積み上がった。しかし木の体積をもう少しコンパクトにしないと通行の邪魔になりそうであった。

私は折り重なっている木を半分に切り始めた。なかに直径20㎝くらいの木が、積みあがった木の上に倒れて弓なりになっていた。その木を半分にしようと、幹の真ん中付近をチェーンソーで切断した。切り終えた途端、シーソーのようになっていた木は中央からすごい勢いで両側に弾けた。その一つの切り口が屈み込んで作業している私のアゴにヒットした。

まったく無警戒な私は強烈なアッパーカットを食らって、チェーンソーを持ったまま後ろ向きに弾き飛ばされて倒れた。その瞬間まだ回転しているチェーンソーの歯が私の前髪をかすめた。アゴの痛みと共に、難を逃れたことでほとばしった恐怖感のため、テンカウント以上倒れていた。

顔に泥が飛んだ状態。このままコンビニに寄らなくてよかった

# 不幸の連鎖

**クライミング中にある箇所を痛めると総合的なバランスが崩れて、**
**他の部分を痛めてしまうこともある。**
**なんとしてもケガの連鎖だけは避けたいものであるが**
**「快復のためには自重することも大切である」**
**と思うのは再びケガをしたときである。**

## 快復までの道のり

昔、上高地から常念・燕と縦走したことがある。合戦尾根で右ひざの具合が悪くなり、通勤のときも右足を引きずって歩いていた。しかしある日、右足が快復したのに、左足の具合が悪くなって足を引きずっていた。すると上司から「東君、今日は引きずっている足が違うぞ。いままでは仮病だったのか」と言われた。

その足も快復の兆しが見えたので、単独で大峰山脈の弥山川の遡行に行った。渓谷の終了点である狼平まではコースタイムの2分の1の時間で登った。しかしそこで再び右足の具合が悪くなり、枯れ木を拾って杖代わりとし、コースタイムの倍かかって必死で下山した。差し引きちょうど標準時間となったので、暗くなる前に車まで戻れた。

## そして半身不随に

クライミングジムでスラブの課題に足を踏み込んだ瞬間、右足のふくらはぎにボールをぶつけられたようなショックを感じた。足の腱が切れたのだ。翌朝は赤い靴下を履いたような内出血が見られた。

それでも2週間後には、片足が不自由ながらもクライミングに復帰した。ランジの課題で不安定なバランスのままゴールのホールドに飛びついたが、振られ落ちして頭からマットに叩きつけられた。激痛とともに右手が上がらなくなったので、診断を受けると肩の腱が2本切れているということだった。

## 痛みも糧に

片手と片足の腱が切れた状態は哀れである。脳卒中の後遺症で片側半身が不自由な方を見かけるときがあるが、所作はまったく同じであった。

あるとき、クライミングができないので、せめてアプローチの整備だけでもしようと「電動草刈り機」を持って、単独で岩場へ向かう渓谷を下っていた。右足が使えないため、左足だけが頼りであった。

そしてある瞬間、左足が「石車」に乗ってしまった。右足で踏ん張ったが、さらに右足に痛みを与えるのみで、よろめきは止まらなかった。目の前には岩があった。頭がその岩に叩きつけられそうになったので、思わず腱の切れた右手でかばった。それは右手の痛みを増すだけの防御だった。そしてジャブでぐらついた私は必殺のストレートを叩き込まれたように岩にぶつかり、悲鳴を上げながら渓谷の底に倒れた。

No pain, no gain（痛みなくして得るものはなし、転じて、苦労なくして利益なし）という言葉がある。私は激しい痛みの代償に教訓を得た。「ひとつのケガが治らないうちに動くと新たなケガが増えるだけ」である。

## クライマー失格

深夜にけたたましく響く非常ベルの音でたたき起こされた。そのままマンションの玄関に出ると、住民が避難してくるなか、消防車やパトカーが到着した。火災箇所は見つからなかったが、ゴルゴ13の従弟のような短髪で鋭い目つきの私服警官が出てきて言った。「この部屋の非常灯が点滅している！　ここの住人は？」

その部屋は1階の私の横の部屋だった。ゴルゴはその部屋の扉を何度もノックした後、「出てこない。裏に回ろう！」という。裏に通じるカギは居住者しか持っていなかったので、私が先導した。私服警官と消防隊員たちがついてきた。ただ鍵を持っているだけであったが「民衆を導く自由の女神」の絵のようにその瞬間、私はヒーローだった。

裏に回ってもベランダの向こうはカーテンが閉まっていて様子が不明だった。私たちはコンクリートの塀を乗り越えようとした。

ゴルゴは果敢にもヒラリとフェンスを越えてベランダに侵入した。私も必死に塀を乗り越えようと試みたが、手と足の痛みのためマントリングに失敗した。地面に転げ落ちた私をゴルゴは見限った目で見下ろしていた。

※のちに非常ベルは湿気による誤作動と判明。

## 無意識の怖さ

肩の手術後には半年の安静期間が必要らしい。当面は動けなくなることを見越して、手術前に単独でルート開拓に行った。クライミングはできないものの、せめて岩場に生えている木を切っておこうとしたのだ。岩壁の上から懸垂しようとしたが、上まで回り込むには距離がありすぎるのでグラウンドアップを試みた。木は岩の10mくらいの高さまで2mごとに数本ずつ生えていた。フリーソロ、なおかつ片手で10mまで登るために、木を伝って攀じることにした。降りるときは「ロングスリング」を切った木の株に掛け替えながら降りる算段である。なんとか10m登り切って、いちばん上の木が生えている部分にたどり着いた。そこには大きめの木が3本あった。真ん中がいちばん太く、左右はやや細かった。その木の幹からセルフビレイをとってチェーンソーをセットした。

ルート開拓はもう数百本しているので何も考えず、なすがままに作業できる。手慣れた作業はオーケストラのシンフォニーのように個々の動きが結集して一体の手順となり、新体操チームの演技のように調和のとれた流れるような動作になるのだ。しかしこのときは片手片足であったので、初心者がトランペットを吹くくらいのぎこちなさ、初めて前転をするような不格好さであった。

セルフビレイを取った木以外をチェーンソーで切ろうとしたら、その下に小ぶりな木があった。腹ばいになりながら、まずその木を切った。木は数秒で切れた。身を起こした余勢で、そのまま3本のうちの1本にチェーンソーを当てて切り倒した。

瞬間、嫌な予感が走り、切っていない木にしがみついた。なんと！　私はセルフビレイを取っている木を切ってしまったのである。スリングを掛けている部分が頭の上付近だったため見えなくて、うっかりしてしまった。手慣れた開拓の動作が、片手片足になるのに至り、無意識にも不用意な動きをしてしまったのだ。

木の重量は50kgくらいあった。そしてスリングをつけたまま落下して、私を下へ、地上へ、地獄へといざなうための重みをかけてくる。尾行に失敗した探偵が重りを付けられて海に投げ込まれるシーンを連想する。とりあえずは片手片足で必死に踏ん張った。木はスリングの長さ分だけ、つまり私から下の1mくらいのところにぶら下がっていた。

絶望の底に希望のかけらはあった。痛いほうの手でも木を数センチほど持ち上げられれば、ビレイループからスリングの付いたカラビナを外せるのだ。

待て、ここでスリングを捨てることは片手でクライミングダウンすることを示す。いや、それは不可能だ。かといって、あの重い木を片手で持ち上げてスリングを外せるのか。私は岩壁に孤立した。難しい選択の答えを出すために残された時間は、足か手が力尽きるまでであった。

よく切れるチェーンソーは私を地獄へといざなった

# クライミングギアの世界

深浅こそあれど、クライマーは誰しもクライミングギアに関心がある。
そして物欲の思いはやまず、ついつい購入してしまうのだ。
実際に使うかどうかは別として。クライミングでは最もシンプルなボルダリングから、
多くのギア使用を余儀なくされるアイスクライミングまで、道具との関わりは深い。
シューズやカラビナなど消耗したら再購入しなければならない製品もあるが、
類似品を持っているのに新製品に手が出る場合もある。

## カムのテスト機会

現在では軽量で有用性の高いカムディバイスが販売されているが、それまでに多くのカムが誕生しては消えていった。私が持っているなかで最も変わった形は「ＦＡＳＥ」というイギリスのメーカーのカムで、試作品をいただいたが今はもうこの会社は存在しない。何回かこのカムをクラックに入れてみたものの墜落テストはしていない。航空機やヘリコプターの試作機と同様、失敗作であった場合のリスクが高すぎるからである。

## 進化しすぎたカラビナ

40年前、最も標準的なD型カラビナは「コングボナイティ」であった。その後、多くのバリエーションが商品化され、数々の新デザインが誕生した。とりわけゲート部はクリップしやすくするため曲がり、軽くするためホットワイヤーになり、引っ掛かりをなくすためキーロックになって、さまざまに進化してきた。ただしそのプロセスでは過激な製品も見受けられた。

恐竜が獲物と捕食者の関係で際限なく巨大化していったように、品種改良を続けた揚げ句に果物の自重で枝が折れていくように、「やりすぎた」製品も登場したときがあった。

ゲートは当初はストレートだったが、クリップをしやすくするため「ベントゲート」が開発された。その後、曲がり具合が大きくなっていき、ついに写真のように大きく「くの字」になったカラビナが出現した。しかしこのタイプは、墜落のときにロープが外れやすいという報告があってからは製造されなくなった。

深く曲がったゲートタイプはやがて消えた

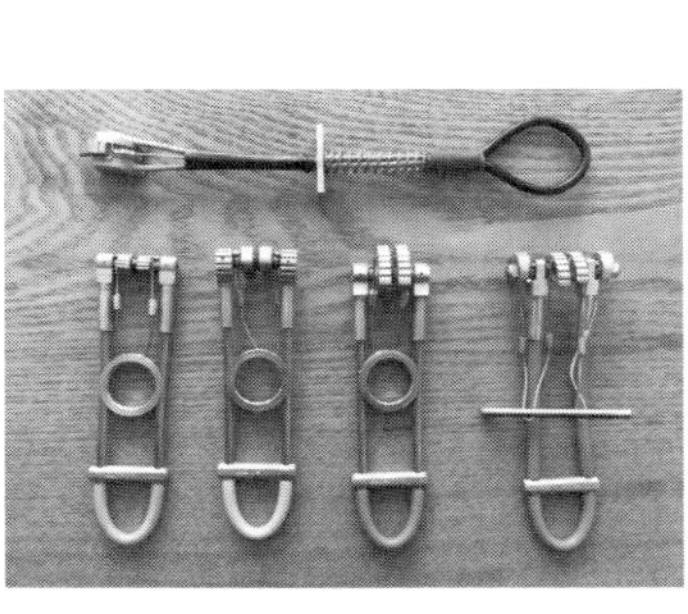

果たして本当に効くのか、未発売だったカム

あるとき岩場で血だらけのクライマーに出会った。どうしたのかと聞くと「中空カラビナは強度に不安があるので、2枚使ってトップロープの支点にしていたが、その2枚とも破断して落ちたんだ。墜落のときに後ろの木にしがみついて助かったんだけど」という。たしかに当時は軽量化のため中空にしたカラビナがあった。何事もやりすぎは禁物である。

## 発射するディバイス

クラック用のディバイスとして最もオリジナリティの高い製品は「ビッグブロ」である。これは岩の隙間に対して「突っ張り棒」のようにして反力を得る器具だ。ボタンを押すとバネ仕掛けの筒が発射されて岩に当たる。それからリング状のネジを回して筒を固定する仕様である。このクイックなレスポンスと手作業の取り合わせがおもしろい。ただしカムのように位置を決め直すことは難しいため、発射するチャンスは一度きりと考えたほうがいい。この器具は構造を理解できても、そのサイズのクラックが身近にないと使用前にセット方法を試すことは難しい。

私は大堂海岸の地上20mくらいのところで初めて使った。筒が「平行四辺形」のように傾いているため、スリングのあるほうを少し上になるようにセットする。ただし前後に開いているクラックに適合させるのは慣れが必要である。ビッグブローをセットしてワイドクラックを切り抜け、ルーフを越えたところのスラブにスモールナッツをかました。スラブで伸びあがる目測を誤ってフォールした。墜落は直近のスモールナッツで止まったが、その下のビッグブロは落ちていったらしい。見なくてもわかったのは下で鉄琴のような音色がしたからだ。

## 実習こそ会得への道

私はギアマニアの面も持ち合わせており、「必要なものを買う」というよりは、「他人と変わったものをもつ」ということに生きがいを感じている。香港でクライミングショップに入ったとき、オメガパシフィック社（２０２０年廃業）のビレイディバイスをみつけた。それはカラビナとつなぐ部分がワイヤーではなくプレートになっている製品であり、日本では見たことがなかった。「これは買い」と大脳が反応した。製品を見定めるより早く、足はレジに向かっていた。

帰国して周りのクライマーたちに散々見せびらかした後で、知り合いのクライマーをビレイした。通常のＡＴＣタイプはボディにワイヤ

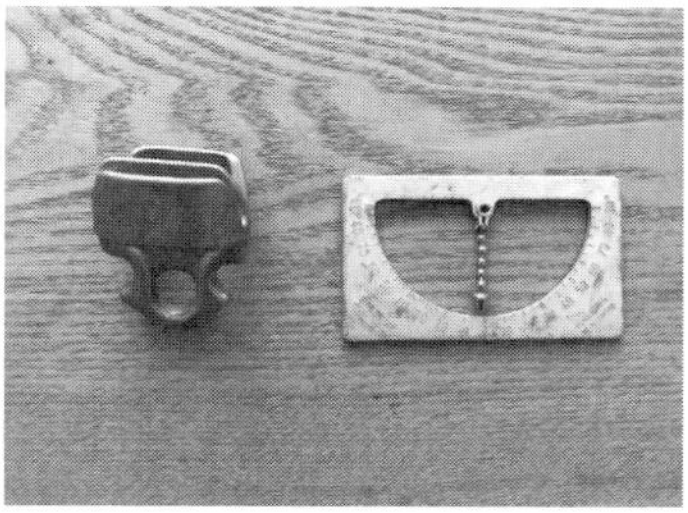

一体型ビレイディバイス

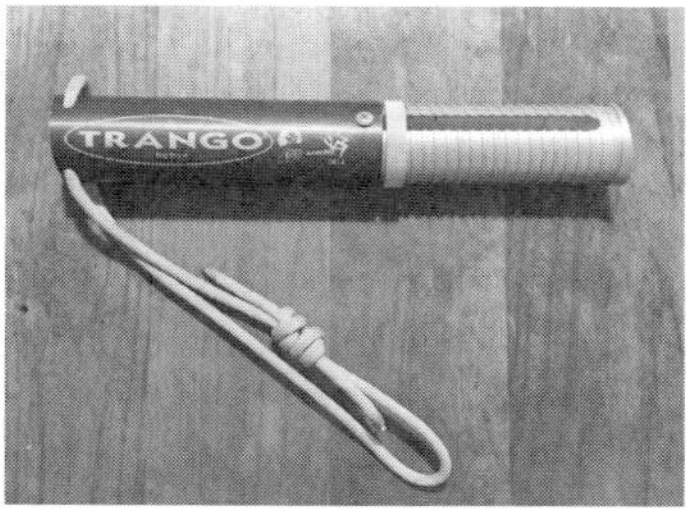


飛び出し式のビッグブロ

ーが付いていて、クライマーがフォールするとロープが器具のほうに動いてスタックしやすくなっている。ただしこの器具はしっかりとロープを折り曲げないと制動できないのだった。その微妙なタッチがわからないまま操作したため、ロープが流れてパートナーは地上すれすれでようやく止まった。私は自信満々に言った。「心配無用。いま理解した」

## 未知のホールド

ある国体で、国内では未入荷の某ホールドを輸入するよう依頼された。誰も見たことがないものを使ったほうが開催県のアドバンテージになると思ったらしい。

そしてアメリカから輸入されたホールドは黄土色で縄文時代の土器のかけらのような形状ばかりであった。ルートセッターのアキトはそれを「土偶戦士」と名付けた。浅底の箱に並べられたそれは試合会場にあるよりも、教育委員会の遺跡保存室に置かれたほうが似合うような代物であった。角張っているので持つと痛いし、ガバが多くて高難度のルートを作れるようなホールドではなかった。また色も見栄えもさっぱりである。セッターたちは「土偶戦士不発！」と言い放ち、とうとう試合にはひとつも使用されなかった。その後「土器ホールド」は収納箱に整然と並べられた状態で永い眠りについた。

## 自在PASの落とし穴

もはやこのパーソナル・アンカー・システムの略語は標準化した感がうかがえる。便利さからするとペツルのコネクト・アジャストに代表される、「自在に長さが調節できる製品」に長がある。ルートセットでも支点にかけてスリングを引くと好きな位置にワークポジションを確保できる。これこそルートセッター必携器具である。

さてその器具でぶら下がってルートセットし、終了点ホールドをつけるために手を伸ばした。わずかに距離が足りなかったので、コネクト・アジャストをフィックスロープの結び目いっぱいまで絞り上げて作業した。そして下降しようと器具をリリースの方向に傾けようとしたが、微動だにしない。グリグリはレバーを引くだけで降下できるが、この手のコネクト・アジャストは足を置けるようなところで、荷重を抜かないとリリースできないのである。

囚われ状態から脱出しようと、前傾壁にあるホールドに足を踏ん張って荷重を抜こうとした。ところがダイナミックロープが少し緩むだけで、ロープのコブと器具の間に隙間ができず、一切動けない状態が続いた。なんだかんだで十数分は格闘してやっと抜け出した。

「足のつかない場所に行っちゃだめよ！」

初めての海水浴のとき親に注意された言葉が頭の中でコダマする。

## 解答はひとつだけではないのだよ

ブラックダイヤモンドはアッセンダーのなかでは後発であったが、前モデルは細部までよくデザインされていた逸品であった。一般的にアッセンダーのロックの解除は「親指」で行なうようにデザインされている。しかしこれらのトリガーは欧米人の手のサイズ向きで、日本人にはやや距離が遠すぎた。この点、D社のは「人さし指」で操作できるようになっていて快適であった。特筆すべきはハンドルとボディが「リンク構造」で結ばれていることだ。これによってグリップポジションがフレキシブルになるため、長い登高距離でも疲労は少なかった。

しかしこのリンク構造のため、思わぬ事態に遭遇したことがある。ルートセットで固定ロープを終了点付近まで登ったときのことだ。この部分の作業ではアッセンダーをロープ固定の最上部まで上げたくなる。そうなるとアッセンダーのロック部分がロープの結び目に当たってしまう。アッセンダーの爪は少し上げながら、ロック解除しないと動かない。しかしリンク構造のため、器具がいちばん上に到達してしまうともう戻せないのである。私は長い時間アッセンダーと格闘したにもかかわらず、食虫植物に捕らえられたアリのようにジタバタするだけでトリガーはピクリとも動かなかった。

やがて悩めるセッターにも一瞬のひらめきが、神の啓示が、脳内ニューロンの伝達が訪れた。アッセンダーをつけたままウォールを乗り越えて、ロープの結び目を解けばよかったのだ。

## 偶然起こる危機

私は20世紀で最高の発明品は「グリグリ」だと思っている。本来はビレイ器具なのだが、ルートセッターにとっても最高のパートナーである。しかしぶら下がり作業に万能な器具も危険を孕んでいる。

試合中にホールドの具合を確認しようとして、IDカードをぶら下げたままグリグリで降下した。観客の前だったのでスピーディな行動に見えるよう、オーバーハング壁を足で蹴って前後に大きくスイングしながら降りていった。途中、微妙な違和感があったのでレバーを離した。

なんと、IDカードを吊るす細紐がロープとグリグリの間に入っているではないか。まさしく首が締まる間際であった。観客の前で「細紐と首のどちらが強いか」というテストを披露する寸前だったので

もがくほど締まる首

ある。ゾワーッと背筋が寒くなり、心臓はドラマーの乱打のように髪を振り乱しながらビートしていた。

この日以来、どんなコンペでも私はIDカードを外してぶら下がるようになった。しかし数年後に「ジッパーと首の強度比べ」の機会が訪れた。

四国でルートセットしていたときに、フリースのジッパーについているタグがグリグリに挟まれてしまった。このときは声を出すほど絞まるまで10㎝もないくらいピンチだった。空中で足をバタバタさせて体を引き上げようとしたが、動くほど首は締まる一方だった。ほらみろ、足のつかないところへは行くべきでないのだ。

# ルート開拓

**開拓は楽しい。クライミングで最も面白味のある時間と感じる。しかし「注意一秒、ケガ一生」ということもあり、緊張感をもって取り組まなければいけない。その点、私は岩場ではより注意深く行動している。**

## 地主様・神様・住民様

ボルダリングエリアを開拓していた。その山の地主は知人だったので許可を得ている。乗ってきた車はエリア近くの開けた場所に止めていた。夕方も近くなって追加のクラッシュパッドを取りに車に戻ったとき、付近に住んでいると思われるおばあさんが話しかけてきた。われわれよそ者のクライマーは「住民」に丁寧に接する必要がある。感情を害すると岩場の使用に支障が出るからだ。しかし今日中に登ってしまいたいルートを考えると、私にはゆっくり対応している時間がなかった。好印象に見えるよう精いっぱいの笑みを浮かべて挨拶し、そそくさとボルダーに向かおうとした。するとおばあさんは「このあたりの一部は私の土地なんじゃ」と言う。そうなると対応が異なる。クライマーにとって「住民様」よりも大切なのはクライミングの「神様」だ。きわどい部分でその一手が止まるかどうかは神様の気分次第なのだ。しかし最大限の敬意を払わなければいけないのは「地主様」である。住民様への印象がよく、神様の虫の居所がよかろうと、地主様がダメと言えば一切が無に帰してしまう。クライマーにとっての優劣は「地主様・神様・住民様」の順なのだ。

おばあさんも人が悪い。地主様だと早く言ってくれれば最初から無下には対応しなかった。私は体の向きと態度を反転させ、クラッシュパッドを置いて話を聞いた。世間話をしだすと彼女の話が長かった。私はボルダーに戻りたくてうずうずしていたが、相手は神様よりも上の存在である。

おばあさんが言う「私は暇だし、話が好きでなぁ。この前は地質調査に通りかかった人と2時間話したんじゃ」。その言葉を聞いて今日中の初登という希望はクラッシュパッドの上に落ちて砕け散った。

## クライミングのためのツリークライミング

40年以上も放置されたクライミングエリアに再開拓に行った。往年のハーケンがたくさん打たれていて、新しめの支点は錆びたリングボルトであった。再開拓でまず行なわなければいけなかったのは木の伐採である。岩壁に近い木が10m以上に伸びて枝が岩を遮っていた。このような木は切らないとルートを作れない。ただし伐採は最小限にとどめたい。問題は株から木を切ると、他の木に寄りかかって「見た目の悪い立ち枯れ状態」になることであった。

そのため木に登って上から順に枝や幹を切りながら、個々の大きさをコンパクトに切ることにした。こういう作業はルート開拓の一環とはいえ、岩との関わりがない作業なので、他のクライマーを誘う気にならず、すべて単独で行なった。

木登りして木を切るときはたいていノコギリを使用するが、今回は木が太くて数も多かったため、チェーンソーを使うことにした。

この日は雨だったので、幹が滑って登りにくい。それゆえ、かねて準備していた「スローバッグ」（枝に向かって投げる重し）を使用した。これにヒモを結んで木の枝に向かって投げる。ヒモが木の枝を折り返すようにしたあと、ヒモにクライミングロープを結んで引っ張り、ロープとヒモを交換するのである。そしてロープを幹に結ぶとトップロープ状態の固定ロープになるのだ。

このフィックスロープをアッセンダーで登って、適当な高さで木を切るのである。木を切るときは幹

上から順に切りつつある木

にセルフビレイを取ってからチェーンソーで木を切る。

木に登った状態で幹を切る場合、枝が多く茂っている方向と逆のところを切ると、木が倒れる方向をコントロールできる。この日もそのセオリーに従いながら、目の高さで幹を切っていた。自分は枝とは反対方向にぶら下がっている。ところが木を切った反動があるのを忘れていた。切った部分から上の幹が倒れた瞬間に、枝の重みが抜けて木が立ち上がった。そのとき体ごと後方に振られた。持っていたチェーンソーはその反動で顔のほうに振られた。回転したままのチェーンソーは私の目の数センチ前で止まった。

## 落ちるクライマーは藁でもつかむ

私は基本的に未知の残置のロープは使用しない。残置ロープの支点の木が枯れていたり、ロープが変質したりしているのを何度も見てきたからだ。

開拓に行ったエリアでぶら下がってボルトを打つため、岩場の端から上に回り込もうとした。そこは緩いスラブになっていて、スラブの下は20mくらいの崖だった。その崖を横切ってスラブの上まで古い残置ロープが張られていたが、ロープは退色して苔むしていた。ロープの強度は不明であり、体重をかけた瞬間に切れたら断崖から落ちるしかない。それは「重傷なら幸運」というくらいの高さであった。「変色した残置ロープを使うなど常識のないシロウトだ」と思いながら、私はフリーソロでスラブを登っていった。

岩の斜面には照葉樹の枯葉がたくさん積もっていた。そのとき私は右の肩腱板を切るケガをしていたので、右手を使わずにテカテカと光った枯葉の層をラッセルのようにかき分けながら登っていると、やにわに木の葉で足が滑った。そうなるともう制動はできない。「わぁー!」と叫びながら、「枯葉製の滑り台」を滑落していった。それはまるでレジャー施設の「ウォータースライダー」のようだった。ただし行き先はプールではなく絶壁であったが。

崖の先端には腐った残置ロープが張られていた。崖に落ちる間際、それを両手でつかんだ。右肩の痛みのために「ギャー!」と叫んだ。両脚は崖から飛び出していたが、リングから落ちるのをこらえるプロレスラーのように必死にロープは離さなかった。

## 藁でもつかむpart 2

ルート開拓に向かったのは谷底から立ち上がっている高さ40m程度の岩で、途中にバンドがあった。そのバンドからスタートするルートを作ろうとしたが、そこには大きな枯れたナラの木があり、その枝が壁を塞いでいた。木の下部には小さな穴がたくさん開いていて、木くずがこぼれていた。ナラ枯れの症状である。

株のほうは太すぎてノコギリで切るには時間がかかりすぎるので、木に登って壁を遮っている枝を切ろうとした。ロープをつけずに木に登ったが、谷底までは15mくらいあるので、落ちたら洒落では済まないだろう。さらに右肩をケガしていたため、木登りはぎこちなかった。

枝は枯れていた。なかには腐ったものもあった。そんな枝が折れたら、たちまち奈落の底へダイブである。神経を研ぎ澄まし、つかむべき枝が腐っていないか拳でコッコッと打診しながら登っていた。枯れていても甲高い音のする枝はまだ強度がある。ボコボコと低音になる枝は腐っているのだ。「プロは違うのだよ、プロは」と私の心はドヤ顔をしていた。

すると両足を掛けていた枝がいきなり折れた。足は支持を失い、体はニュートンのリンゴと同様に重力の法則にしたがおうとした。私は落ちながら必死で、目の前のまだ打診していない枝をつかんだ。「痛たた！」腱の切れた肩に激痛が走った。それでも枝を離さなかった。つかんだ枝が腐っていなかったのは、神様からの「まだ生きて開拓しろ」という啓示である。

## 浮き石は誘う

ルート開拓では懸垂下降しながらボルト（ハンガー）を打つことが多い。特にオーバーハングした岩ではこの方法が有効である。ただし適切なクリップポイントやボルト間隔を見いだすためには、下からアッセンダーで登りながらボルトを打つこともある。いずれにしても岩場の上部に行ってフィックスロープを張ることに変わりはない。

ある岩場でフィックスロープを張るために岩の上部に行った。懸垂下降の準備をしていると岩壁の先端のロープが通るあたりに直径40㎝くらいの浮き石があった。こんなのにロープが当たり、落石を誘発したら即死である。そのため、ぶら下がる前にその岩を落とすことにした。そのとき、懸垂下降の支点を木から取るためにロングスリングを手に持っていた。浮き石を落とす作業には必要がないので、そのスリングを二重にして首に巻いた。

浮き石の下はスパッと切れ落ちた岩壁になっていて、40m程度の高さがあった。ちょうど両サイドに木があったので、左右の足を木に掛けて浮き石をまたぐような姿勢になったが、作業はすぐ終わると思ってセルフビレイを取らなかった。

浮き石を手で押すと揺らぐものの、大きいのでなかなか落ちない。むきになって前後に揺すった。その揺動のため、首に二重に掛けたスリングの一方が伸びて、もう一方が首を絞める形になったのに気づかなかった。さらにその伸びた輪が浮き石の先端に掛かっていたのだ。ジョーズがボートの後ろまで来ているのに、それに気づかずのんびりとサオを出している釣り人のように、危急存亡のときは迫っていた。

石は次第にズレて岩壁の頂上から落とせるところまで移動させた。もう少しで厄介な浮き石は谷底に消えていくだろう。しかしそのとき、スリングの輪は石を巻くようになっていた。最後の一突きをすると、グラッと石は転げ落ちた。その瞬間、スリングに浮き石をぶら下げたような形になった。「グゲッ!」石の重みでノドが締まった。さらにその重さで石は私を崖のほうに引き込もうとする。首が締まるか、40m下にダイブするか、いずれにしても絶体絶命な状況になった。なんとか両足を踏ん張って抵抗すると幸運にもスリングの輪から石が外れた。石は岩壁に沿って落ちていき、数秒後に谷底で砕け散った音がした。

下は絶壁、このような形で首は締まった

# クライミングロープ

「ロープ」はクライミングの象徴であり、
クライマーを確保して墜落を制止する「命綱」の役割を果たす。
そのためロープは強靭にできている。
ただし、使い方を誤ると傷ついたり、切れかかったりすることもある。

## ロープあってのクライミングライフ

クライマー同士の絆を表わす言葉として「ザイルパートナー」という呼び方がある。自らの命を相方に委ねるクライミングでは、その相互の信頼感を例える代名詞ともなっている。友情とは「二つの肉体に宿る一つの精神」であるならば、ザイルは「二つの体をつなぐ生命線」であるのだ。

しかし最近はドイツ語の「ザイル」という言葉は使われなくなった。昔はロープを引き抜くとき、「ザイルダウン!」と叫んでいたが、今では「ロープダウン」と言っている。そうなると英語では「ロープパートナー」となるが、これでは軽い印象になってしっくりこない。日本語にすると「ヒモ仲間」となるが、微妙過ぎて使用されることはない。

## ロープの強度基準

ザイルパートナーは固い絆で結ばれた「切っても切れない仲」のことを指す。ただし実際に切れては困るのはクライミングロープである。

クライミングロープの強度は欧州規格で「衝撃荷重」や「耐墜落回数」が定められている。また日本では消費生活用製品安全法で「ステンレス鋼の角を使用したせん断試験をクリアすること」という規格があり、海外にはない最も過酷な試験となっている。これは１９５５年に穂高で起きた「ナイロンザイル切断事件」をきっかけとして制定された日本独自の試験方法で、国際的には初の、ロープに関する基準であった。

海外で販売されているシングルロープはすべて欧州規格の基準をパスしているが、直径８㎜級のロープは日本のせん断試験をパスできないため、国内では販売できないものもある。

## セットに夢中

ルートセットでつらいのはぶら下がっての作業である。なかでも大型のハリボテ付けは大変である。特に強傾斜に「背丈ほどあるハリボテ」を単独で付けるとなると、経験した者でないとわからない困難な状況が待ち受けている。

まず、このクラスのハリボテは重過ぎるので、ハンガーをつけて別のロープで引き上げる。そしてパネル面にあてがってビスを打とうとするのだが、ハリボテを押すと反作用でこちらの体がウォールから離される形になって、壁面にハリボテを押し付けられない。

壁からセルフビレイのように支点を取り、それを反力としてハリボテを支えながらビスを打とうとする。しかしワークポジションが悪くてドリルがパネルまで届かない。結局、逆立ちのような体勢になって、奥側のビスを打つのである。

こんな体勢でロープが切れたら？

このドタバタ劇の間にロープが何度もパネルの角で往復運動していると思わなかった。ロープが最も弱いのは「水平になった鋭い角」、または「ギザギザの角」で横揺れすることである。私のこの困難な作業はロープに体重という荷重をかけて「ギーコギーコ」とザラザラの角に何度もこすりつけている動作だと言い換えることができた。消費生活用製品安全法の「岩角テスト」を自らの生命を懸けて行なっていたのだ。

ハリボテを付け終わったとき、ロープが半分切れていた。もう少しでプロレスの「パイルドライバー」のように頭からコンクリートの床に落下するところだった。

## 懸垂下降はソフトに

開拓のときは、どうせ傷むので、クライミングでは使用できないくらいの「古くて硬くなったロープ」を使うことになる。

最近開拓しているエリアでぶら下がって作業をしていた。本来なら岩の頂部にある木に支点を取って、岩との接点にこすれ止めの「ロープカバー」をつけてからぶら下がる。しかし開拓に手慣れ、スムーズに作業ができる私はそんな手間なことをしないときもある。ロープの末端を木の株に縛り、「岩の先まで突き出た枝」にもう1カ所の支点をとって垂らすのである。これで岩の頂上とロープが浅い角度で接するため、こすれても問題がないのだ。

あるルートにハンガーを打とうとぶら下がったが、岩には土が分厚く積もってたくさんの樹木が生えていた。そのためツルハシを持ってぶら下がり、土や木の根を掘り起こしていた。しつこい根にはツルハシを打ち込んで岩に踏ん張り、思いきりのけぞって力をかける。ツルハシを持って壁のなかで「イナバウアー」を演じるのだ。ただし、この動きは強い力でロープを下向きに引っ張ることになる。

最初は30分ほどでボルトを打ち終えると思っていたが、結局、半日くらい作業していた。下からハンガーを打ちつつ、頂上に6、7mまで迫ったとき、ふと自分のぶら下がっているロープを見上げた。岩との接点あたりに赤い花がついている。「偶然に花びらがロープに乗ったのだな」と思ったが、よく考えると丸いロープに花が付くことはない。今度は「ああ、チョウチョウがロープに止まっているのだ」と思った。

岩角と接して切れかかったロープ

しかし一抹の不安を感じて、目を凝らして見ると何やら白い部分も見える。そこで初めて、「ロープの赤い表皮が切れて毛羽立っている」ことがわかった。古くて硬くなったロープは伸縮性をなくして、一点がずっと岩にこすれていたのだ。芯のほうもどれくらい切れているか不明である。「次の瞬間にも切れるかもしれない！」と思うと、ダイナマイトの導火線に点火されたように、地雷を踏んで足を上げると同時に爆発するように、ジェイソンの斧がこちらに向かって振り上げられたように、心臓の鼓動は早くなり呼吸は荒くなった。

まず考えたのは、目の前にボルトを打ち、その新たな支点にロープを掛けて下降することであった。しかしロープはハンガーを打つショックに耐えられるかどうか不明である。そのため、まず荷重を抜こうと、できるかぎり道具を捨てることにした。ツルハシを捨て、ハンマードリルとアンカーを岩棚に置いて、カラビナ類はすべて外した。そしてショックを与えないように、あらん限りソフトに懸垂下降した。冷や汗があごを伝って下に落ちていった。これでさらに数ミリグラムは軽くなったかもしれない。

## ロープは落石を引きつけるのだ

ボルダーを開拓していた。ハイボルダーで苔がたくさん生えていたので、ロープを上の木に結わえてシングルで懸垂しながら岩にブラシをかけていた。途中、大きな浮き石に出くわした。これは落とさないと、ボルダリングの最中に手を掛けたら大変なことになる。

しかしボルダーの下には余ったロープの束があった。いったんはロープを巻き上げようとした。しかし、さすがにリードに使うロープでは、ハイボルダーといえども下にはたっぷり残っていた。巻き上げ中にだんだん面倒くさくなり、「こんな細いものに狙っても当たることはない」と思えるようになってきた。

人生を台無しにするのは積極的に行動したときではなく、怠惰だったことが多い。そして怠惰は耳元で甘く囁く。「身構えずに楽なほうを選ぼうぜ」

ロープを巻き上げずに、そのまま石を落とした。念のためロープからできるだけ離れたところに落ちるように、わざと岩から遠ざかるところに投げ捨てた。

拙劣な判断は、やはり事態を悪くする。放った石は岩と離れた方向に放物線を描いて落下していった。そして岩の前に生えている木の幹に当たって跳ね返り、ロープの束の上に落下した。

## 慣れと落とし穴

ルート開拓には4本の古いロープを交互にフィックスしながら使っていた。1年ほどたつと、そのすべてのロープで何カ所か表皮が破れて芯が出たような状態になった。

しかし「慣れ」とは怖いもので、少々芯が出ていても気にしなくなった。そんな私でも一定の分別はあった。切れかかった部分が地上30mあたりに相応するときはロープの上下を入れ替えて、芯が見えた箇所が地上10m以下になるようにセットするのだ。そうすると、たとえロープが切れても下まで落ちる距離が短くて済む。

しかし、こんないい加減な作業を行なっているといつかは重大な局面を迎える。ある日、単独でルートを開拓しようとグリグリで上から下降していた。そのロープにも表皮が切れて「すだれ状」

になっている部分があった。ぐしゅぐしゅになった表皮のところではグリグリが通過しにくいが、なんとかロープを送り込んでクリアしていた。

何回目かの下降のとき、ロープの芯材のバラけた部分がグリグリのカムに絡んでしまった。レバーを思いきり引いて、下降しようとしても降りなかった。それではと上に上がろうとしても、引っ掛かったカムは取れなかった。にっちもさっちもいかない状態になり、壁の途中で立ち往生した。降りられないならこのまま登ってしまうおうかと考えたが、ホールドが乏しい5・12台の垂直壁だったので、アプローチシューズでは歯が立たなかった。人生で孤独を感じるのは、見知らぬ人しかいない地下街の雑踏の中と、岩壁に取り残されたときである。

なすすべもなく壁の中に孤立していたが、電撃のように解決策が閃いた。地球には上と下、前と後以外に横の次元があったのだ。結構遠いが、右方向にバンドがあるのが目に入った。バンドに立てば、荷重を抜いてから切れ目の下にグリグリを再セットできる。

芯が絡んだグリグリを付けたまま、左右の振り幅を徐々に多くしていき、最後にクリフハンガーのスタローン並みに大きくトラバースして、やっとバンドをつかんだ。「脱出」という名の列車が来るプラットフォームに立てたのだ。

# 素敵なジムライフ

クライミングを始めるきっかけとして、
またクライミング文化の担い手として
「クライミングジム」の役割は非常に大きい。
今回はそのクライミングジムについてである。

## ジムで教えてくれること

あるジムで課題に取り組んでいると、ジムのスタッフが登り方を説明してくれた。「ここは片足を外して登ったほうがバランスはいいんです。このテクニックをフラッギングというんです」。確かにその技は効果的である。ただし「フラッギング」は私が名付けた技なのだ。

ロッカールームで「あんた結構うまいね、何年やってんの?」と声を掛けられた。わりあい長くやっていると言うと「オレ、最近この本を買ったんだけど、いいこと書いてあるんであんたも買ったほうがいいと思うよ」と言われた。本を見るとそれは私が書いた技術書であった。本を書くほどうまくは見えなかったんだと凹んだ瞬間である。

某ジムの受付でそこにあるインテリアの話をすると、カウンターの中にいたスタッフがそのインテリアのイメージと結びつくジムの名前の由来を教えてくれた。ただし、そのジムの名前は私が命名したものだった。

## 常連の指摘鋭く

肩のケガと手術のために1年間クライミングを中断し、復帰しても持久力はなかなか戻らなかった。リードで5・12のルートがつらく、数回目のトライでやっと終了点までたどり着いた。完登を確信したが、終了ホールドを持って愕然とした。けちくさくて小さかったのだ。そしてクリップする余力はなかった。

パンプしきった手でヨロヨロとロープを手繰ってカラビナのゲートにあてがった。ところがホールドを持つ手がこらえきれず、手繰り落ちの大フォールを覚悟しなければならなかった。

クライミング人生で最も忌避すべき行為は「手繰り落ち」である。下部での手繰り落ちは「グラウンドフォールの危険性が大」である。終了点での手繰り落ちは「見る者にその日一番の喜びを与える見世物」となる。

私は力尽きて体は宙を舞った。しかしクライミング神はケガから復帰してトレーニングに励むクライマーに奇跡を与えてくれた。オスの三毛猫が生まれる確率（3万分の1）と隕石が頭に当たる確率（100億分の1）の間に入っているくらいの偶然で、フォールしながらロープはたまたまベントゲートのカラビナの中に入ったのだ。墜落は止まった。起死回生の僥倖を得た私はガッツポーズのままロワーダウンした。

するとこの歓喜の炎を吹き消すような風圧で常連が口撃してくる。「東さん、あれは完登ではないですよね」。口さがない指摘に対して、必死で抗弁する。「どんな体勢でも終了点クリップすれば完登したことになる！」

「完登」の定義は複雑だ。リードではどのホールドからでも終了点にクリップできれば完登となる。ボルダリングの場合、外岩ではボルダーの頂上に立てばいい。ジムの課題では「マーキングされたゴールホールドを両手で保持して、コントロール下に置く」こととなる。

ただしコンペでこの状況を「完登」とはいわない。最終的には審判の〝ゴール〟または〝旗揚げ〟で完登が成立するのだ。つまりコンペでは人為的な合図がゴールということになる。審判試験の「ひっかけ問題」として常連である。

## 注意1秒ケガ1年

ジムでのクライミングが、それ自体が目的でも、トレーニングとしての位置づけでも、精いっぱいルートに挑むことに変わりはない。ただし落ち方に気をつけないとケガをする恐れをはらんでいる。

## 危ない落ち方トップ3

第3位は「コーディネーションで勢い余って側壁にぶつかる」。コーディネーションは動的ムーブであり、反動と勢いを使わざるを得ない。「身を捨ててこそ浮かぶ瀬もあれ」という成功と失敗、ゴールとケガは常に隣り合わせの技である。

第2位は「強傾斜壁でゴールに飛んで前方に振られ落ちすること」。強傾斜壁のゴールに飛びついたとき、手はホールドをキャッチしたものの、足が残らずに後方に振られるような体勢になってしまった。それでも両手でゴールホールドにしがみついたため、エビ反りになった両足が頭より上がって手が離れた。体はスカイダイビングのように宙を泳ぎ、頭からマットに突っ込んだ。ロープの最上段のさらに倍くらいの高さから「一人パイルドライバー」をきめたのだ。

その場にいた人は「東さんの首が取れた！」と叫んだ。首の付け根から折れ曲がって落ちたため、頭が見えなくなったらしい。額からマットに突っ込んでいたら、首の骨が折れていたかもしれない。

危ない落ち方第1位は「ゴールホールドに両手で横っ飛びして振られ落ちすること」である。横方向にあるゴールホールドへ片手でダイブする。それでは押さえきれないと瞬間に判断してもう一方の手もホールドへ飛ばす。そんなとき両足が離れると、体は大きく横にスイングして手が耐えきれず、制御不能の姿勢で地上へ落ちていく。昨年は腕を背中に巻き込むような落ち方になり、肩の腱を2本断裂してしまった。そして手術とリハビリのために1年間を棒に振ってワーストワンの落ち方であることを証明した。

## 懸垂こそすべて

私は会社にいる時間が長く、思うようにトレーニングする時間がとれない。それを補おうと帰宅してから毎日100回の懸垂を心掛けている。そんな私の日常を知ってか知らずか、ジムで12後半のルートを登ろうとしたとき、知人の女性クライマーから声を掛けられた。「私は懸垂を一回もできないけど、そのルートは登れたんです」

リレハンメルオリンピック・スキージャンプ団体の決勝で最終ジャンパーの原田選手は「普通に飛んだら金メダル」という場面だった。試技前の原田選手に外国の監督は「金メダルおめでとう」と声を掛けた。原田選手はその言葉で勝ちを意識しすぎて失速しチームは敗れた。平常心を乱すための心理攻撃である。

そのときの私は原田状態であった。このありがたいアドバイスのおかげで、「上等だ。テクニックの粋を極めたクライミングを見せてやろう」と思った。あえて力を抜いたために失速し、それを補おうとムーブの途中から力を込めたような動きになった。「糸で吊られた操り人形」のようなぎこちない動きが続いてフォールした。最後はまさしく「吊られた人」になったのだ。

さて、毎日懸垂するのは登る筋力をつけるためである。しかし夜遅くに帰宅して、懸垂するのはなかなかつらい。それでも目標を定めたからには実行をしないといけない。

ある日、ジムから帰ろうとするとなじみのクライマーから声を掛けられた。「東さん、もう帰るんですか?」私は答えた。「これ以上登ると家で懸垂100回ができなくなるからね」

制御できない落ち方は避けたい

# クライミング１００年

クライミングの歴史は１００年より古く、
当然、将来は１００年を超えていくだろう。
ロクスノ１００号にあたって、
過去の１００年を振り返り、
将来の１００年を想像してみた。

## 過去

今から１００年前の１９２０年代は大正時代であるが、アメリカではすでにデシマルグレードが採用されていた。そのころの最高グレードは5・8程度であった。そして１９４０年代に5・9が登られている。その後、１９６０年代に入ってからジム・ブリッドウェルによって、5・10a以上を標記するグレードシステムが作られたとされている。また１９７３年に5・12台が、１９７７年には5・13台のルートが誕生した。

１９７０年代後半には旧ソ連で岩登り競技会が開催されたが、そのころは自然の岩場の長いルートで登攀タイムを競うような内容であった。１９８５年にイタリアで開催された国際的なクライミングコンペは、難度の高い自然の岩で「到達高度」が成績考課となった。

このコンペ黎明期では、到達高度はメジャーや測量器具で計測された。そこではジャッジは到達高度の記録係と同じ役割であった。ロープは選手が持参したものを使用したし、ビレイヤーは選手の同伴者が務めた。昔のビデオを見ると、選手がペットの犬をルートの下まで連れてきてリールをつなぎ、奥さんがビレイするという牧歌的なコンペもあった。

現在では、ルートセッターや審判は厳正な試験や実技を得て資格を取得しなくてはいけない。コンペの草創期では実力のあるクライマーがルートセッターを務めたものの資格制度はなく、審判に至っては手の空いた者が交代で行なうようなものであった。

国民体育大会の登攀競技は1993年の東四国国体（香川・徳島）まで自然の岩場で行なわれていて、高さ30ｍの岩場に設定されたルートでのタイムレースであった。

その東四国国体でのことである。当時は「来るべき時代に備えて国体でも人工壁を採用する」との目的から、岩場の最上部に高さ10ｍ程度のクライミングウォールが設置されていた。要するに岩壁と人工壁とのハイブリッドだったのである。

私はこの国体でルートセッターを務めた後、大会当日にデモクライミングを行ない、ゴール地点の審判を任された。そのころは1チーム2選手制であり、最初のクライマーがリードクライマーのようにバックロープをつけてトップロープで登り、終了点からセカンドのクライマーをビレイするスタイルであった。2人目のクライマーがゴールのタッチ板を叩くとタイマーが止まるシステムである。ルートは5・11bくらいあり、完登するチームがなかなか現われなかった。あるチームのトップがようやく完登してセカンドをビレイした。人工壁セクションの最上部にかかったあたりでタイムアウトまで10秒を切っていた。トップのクライマーは地引き網の漁師のごとく満身の力でセカンドを引き上げた。そしてステージへ引き込む最後の瞬間に力を入れ過ぎたあまり、柔道の「一本背負い」のように床に叩きつけてしまった。セカンドは釣り上げられた魚のようにバタバタするばかりでタッチ板の場所を見失った。あと3秒。トップが起死回生の策を試みた。セカンドの手をつかみ、彼の体を引きずってタッチ板に叩きつけようとしたのだ。しかしその寸前に手が滑り、タッチ板を叩いたのはトップの手だった。それは失格を意味する。選手は断頭台の前の罪人のように恐れおののきながら私を見た。私は顔を背けて見ていないふりをした。

## 現在

翻って現在。20年前には夢にさえ思わなかった「オリンピック種目」に抜擢された。過去、フルタイムクライマーとはドロップアウトした人種であり、「クライマーの実力は年収に反比例する」といわれた。しかし現在ではまったく裏返って「クライマーの実力と年収は比例する」という時代になっている。

初期のクライミングウォールは「いかにして自然の岩に似せるか」がテーマであったが、現在ではクライマーより大きな「ハリボテ」がルートの主役になり、ウォールはハリボテを付けやすい平面構成になった。

ハリボテの出現はクライミングウォールに改革をもたらした。立体的な形状はクライマーにアクロバティックなムーブを提供し、凡庸なセッターでも見栄えするルートが創出できるようになった。しかし同時にセットに苦難も与えた。なにしろ重くてかさばるためセットに時間を要する。またハリボテは「ビス留め」なので、効果的な位置に強度が出るように打たないと落ちることがある。

ある試合で、同僚のセッターがボルダールートのスタートの足用にハリボテを付けた。選手が渾身の力で踏ん張ったため、ハリボテはロケットのように観客席のほうに吹っ飛んでいった。

私のやり方は一歩先を行っている。試合の前に身をもって強度テストを行なったのだ。それはルーフの先端で終了点間際の高い位置だった。「仮留め的なビス」を打って試し登りしていたのだが、だんだんと本気になってきて、足で引きはがす方向に力をかけた途端にハリボテが外れた。私は下向きに発射するような体勢だったので、マットに打ち込まれたミサイルのように激突した。

あるコンペでは大型のハリボテにロープを掛けて数人で引き上げていた。そのハリボテは相当重く、苦労しながら上げている途中でホールドにつっかえた。私は壁にぶら下がりながらハリボテの中に頭を入れて引っかかりを外した。その瞬間、壁とロープの間に首を挟まれて抜けなくなった。私は声なき声で「ギャーッ！」と叫び、「ハリボテを降ろしてくれ」というセリフを絞り出した。ところが引き上げているやつらは「せっかくここまで上げたのだから、固定するまで我慢してくれ」という。頭だけ出して土中に埋めた罪人の首をノコギリで挽く刑のように、ロープは私の首をこすりながら引き上げられた。

## 未来

さてこの先100年、クライミングはどのようになっていくか予測した。

**30年後：**ＡＩ技術が発展して、選手の戦歴、クライミング能力、ホールドカタログ、ウォールの設計図を入力すると最適なルート設定のデータが出力される。このためルートセッターが不要になり、工作員がルート図に基づいてホールドを取り付けるだけの作業となる。

**60年後：**特殊なマットが開発されて、リードルートもボルダーのようにロープなしで登る競技となる。選手は5・17台のルートを流れるようなムーブで駆け上がり、墜落距離が延びるため観客は興奮する。

**100年後：**超軽量の風船型パラシュートが考案されて、マルチピッチをフリーソロで登ることができるようになる。エル・キャピタンは1時間以内に登られるようになり、世界各地の超高難度のビッグウォールで初登争いが展開される。

予想が当たるかどうか、100年後をお楽しみに！

ヘルメット、タイツ姿でデモする雄姿

クライミングラボ番外編
# 「ヤバい」の原点

**私はクライミングウォールの設計・施工の道に入る前は大手建設会社に勤務していた。担当したのは大型工事が多く、そこでは大きなアクシデントを何度も経験した。クライミングでいつも危ない目に遭っている私の原点はここにある。**

## 損害は数十億円⁉

20代前半のころ、大阪で大型フェリーの船着き場の拡張工事を担当した。埋立地の面積を増やしてフェリーターミナルを造るのである。陸地を広げるために軟弱な海底を掘削し、しっかりした土砂で埋めて（置換砂工法）、その上に堤防を築くという一連の計画となる。

私が担当したのはその「置換砂工事」であった。土砂は瀬戸内海の島で採取されて船で大阪に運ばれてくる。このとき使用するのは「底開バージ」という土運船で、長さ１００ｍ・幅20ｍほどの船体に3000㎥の土砂が積載できる。これはダンプカー500台分に相応し、埋め立てのときは船の底が開いて数十秒で投下が可能となっていた。

工事区域の海の中の地形を音波測深器で測って、海底へ均等に砂を入れていくためには、底開バージを適切な位置まで誘導する必要があった。工事は5社による共同事業体であったが、私は船の誘導のうまさを自負していた。一回り以上年長の各社の所長に対して「私よりもうまく誘導できる者があるなら手を挙げてみろ。利益は分配するので、船は私が誘導する」と啖呵を切っていた。若かったのである。

埋め立てする場所は大阪港の水路の中にあり、そのいちばん奥には埋立地を結ぶ長さ400mの橋が架かっていた。このため、港門から進入した作業船は水路を航行して土砂を投下し、橋の前でUターンして港外に出る方法を取っていた。なお土運船は一日7隻ほどがやってくる。

私は船が入港すると大型土運船に乗り込み、ブリッジ（艦橋）で船長に土砂の投下位置と離脱方向・その日の海流と風向・風速を伝える。そして船の先端に行って「水先案内人」のようにトランシーバーで誘導するのである。

誘導のうまさで男が決まる。船は動いていないかぎり、舵を切っても方向は変えられない。目的に位置にピタッと着けるためには風向や海流を加味した上で、進入角度と速度を絶妙にコントロールする必要があった。

ある日の数隻目を誘導しているときであった。その船の土砂は港の最奥部の橋梁にいちばん近い位置に投下する計画であった。船の先端で「微速前進。レッコ（投下）地点まであと150m……ヨーソロ、あと100m……あと50m、……ゴースターン（スクリュー逆回転）開始！……全槽レッコ（投下）!!」と合図した。船はものの数秒で5000tの土砂を投下した。そして軽くなったので3mくらい上昇した。

その日は橋へと流れる海流が強かった。また不運なことに、海流と同じ方向に風が吹いていた。浮き上がった船の舷側に風が当たり、船が止まらなくなった。大型船は橋のほうへ流れていく。「フルゴースターン！」私は全力での逆回転を命じた。船を止める手段はスクリューの反転しかないのだ。ディーゼル機関はゴゴゴ……と唸り、振動が全艦を揺さぶる。それでも船は橋のほうへ進んでいく。甲板上は大騒ぎである。船をぶつけて落橋させると数十億円の損害になる。テレビや新聞のトップニュース、交通閉鎖、フェリーターミナル孤立。暗然たる不安が地獄のメリーゴーラウンドのように回転し、その恐怖を乗せて船は橋に突っ込んでいった。

私はもう責任を取ることなど考えていなかった。橋が落ちたら、会社へ報告せず、寮に戻って荷物をまとめて田舎に逃亡しようと思った。あと100mで橋にぶつかる。思わず「もう、あかん！」と関西弁で叫ぶ。そのとき電光石火、最後の手段が稲妻のように閃いた。「アンカーだ！」。航行中の投錨は鎖が切れるおそれのある禁忌行為だが、これしか方法がなかった。

「右舷左舷、アンカーレッコ！（錨投棄）」と叫ぶと、甲板員が錨を留めている楔を大型ハンマーで打ち落とした。大きな摩擦音とともに鉄鎖は流れていき、錨が海底を引っかいたのか、速度が落ちて橋の手前50mくらいで船は止まった。私の心臓はタービンのように全速力で回転して焼き付く寸前であった。

## 長い一日

大阪の埋立地の間に幅20mくらいの水路があった。その水路の奥に直径1mくらいの石を積んで護岸を造る工事を担当した。このため、長さ50mくらいのガット船（石材を運ぶ起重機付きの船）で石を運ぶことになった。

船の満船時の喫水は8m程度であるが、その船の船長と水路を音響測深機で調査したところ、満潮時なら水深10mあるので航行できることがわかった。私はいつもきわどい勝負に賭けている。

ダンプカー500台分の土を積む船

工事の日、狭い水路内で両岸が迫っていたので、左右の距離に注意を払いながら緩やかな速度で航行していた。「うまくいきそうだ」。船は動力船であるが、気分は「順風満帆」であった。しかし警戒していた側面からではなく、攻撃は下からなされた。不意に船底から金属が軋むような不気味な音がして、船が止まってしまった。しばらくすると、船はゆっくり沈み始めた。船員から「船底に穴が開いて海水が流れ込んでいる」という報告があった。周囲を見渡すと別の作業船の錨をつなぐ鎖がこちらに向かっていた。海底にある他船の錨が船底に刺さったのだった。そのトラップは水雷のように息を潜めて、われわれが通るのを待っていた。

ただ水深が浅いため、船底が着底してもデッキを越えて海水が入ってくることがなかった。航行不能になったので、事態が大ごとになる前に船長と相談してサルベージ船（引き揚げ作業船）を呼ぶことにした。

サルベージ会社に連絡してしばらくたつと海上保安署から連絡があった。「船が沈んだという情報が入ったが事実か」と問われた。私は「そんな事故はない」と言って電話を切った。なぜ保安署が事故のことを知ったのか不思議だった。このとき私は、サルベージ会社に連絡すれば、自動的に海上保安署に通知が行くとは知らなかったのだ。

数十分して海上保安署の巡視艇が到着した。署員から「すぐ保安署に出頭しろ」と命令された。

署に着くと「なぜ偽ったのか」と言われた。「船は水没したわけではない」と答えたが、「着底は沈没である！」と叱責された。さらに「ウソをついた罰として廊下に2時間立っとれ！」と怒鳴られた。大人になって立たされるのはきつい。人生でいちばん長い2時間だった。

クライミングラボ番外編

# 「ヤバい」の原点 その2

## 地下からの生還

地下鉄や上下水道などは地中を掘っていく工事で造られる。ある地域で、地下40ｍの深さで２㎞くらいのトンネル工事を担当した。トンネルといっても、「大型の鉄の筒で覆われた掘削機（シールドマシン）」で掘り進んでいくシールド工法という作業であった。

私の役割は現場管理であり、資材の調達や工程・品質管理を行なっていた。ただし、いちばん大切なのは、目印のない土の中において、ミリ単位の誤差内で掘削機を進めていくことであり、これには卓越した測量技術が必要だった。

われわれ現場管理者のシフトは「12時間勤務→12時間勤務→24時間勤務→夜勤明け」という４交代制であった。いちばんきついのは24時間勤務の日で、夜勤終了間際に行なう測量以外にたいした仕事はなく、睡魔との闘いでもあった。そのため、ときどき作業員に頼んで、シールドマシンの操縦をさせてもらっていた。ところがその状態が続くとマシンの操作がうまくなり、とうとう私が夜勤のときはすべて私が操縦して、作業員を一人減らしているような状態になっていた。

直径3mくらいのシールドマシンには、先端にバックホウ（油圧ショベル）のような掘削用の爪のあるバケットが付いていた。それを操作しながら、前方の土を掘削して中央のベルトコンベアに入れ込み、後方にあるトロッコでトンネル外に運搬していくシステムである。バケットを操縦するレバーは左右・上下・前後用の3本あり、自由自在な立体的操作が可能なようになっていた。また掘削機の後方にあるジャッキを伸ばすとマシンは前方に進行した。

トンネルの掘削が1㎞くらい進んで作業が休みのときに、トンネル先端の土質サンプルを採ることになった。一人で地下40mの坑内を10分くらい歩いて先端に到着した。土のサンプルを採るだけだったので、操縦席に座らずに立ったまま軽い気持ちで掘削用バケットを動かした。いつもと違うポジションなので勝手が狂い、前後のレバーと間違って「左右旋回」のレバーを押した。途端に、バケットの付いた油圧アームが右に旋回して私の背中に当たった。レバーは私のお腹のほうにあったので、体ごとそのレバーをさらに右側へ押す形になった。

そうすると、ますますアームが右旋回して私の背中を押す。メキメキッと私の背骨が軋んだ。何トンものパワーがある油圧マシンにかかっては、背骨などウエハースを折るよりも簡単に折れてしまう。なんとか逃れようと思ったが、アームを左旋回させるには、レバーを左に倒すしかない、ただし隙間なく体ごとレバーを右に押し続けているため、もはや逃れるスペースはなかった。幸いなことにバケットは前方の土に刺さっているため、旋回速度は緩慢であった。それでも油圧マシンは唸りながら少しずつ右に寄り続けている。背骨は耐えられないほど圧迫され、内臓を押されて嘔吐した。さらに全身でいきんだため、眼球が充血して風景が赤く染まった。死は目前に迫っていた。最後の試みに、マシンに圧迫されたまま体を前方にずらすと旋回用レバーが外れた。そしてなんとか左旋回を押して、死の淵から生還できた。

自分で自分を圧迫死させるなど前代未聞である。その日の工事日誌にはこう記した。

「掘削進度1000m・土質サンプル採取完了、その他異常なし」

## ゴジラ出現

港の造成工事を行なっていたときである。公共機関から「船着き場の海底で大型の鋼製枠が見つかった。今後の支障になるので引き揚げてほしい」という依頼があった。このため、私の会社ともう一つの建設会社が工事に使用していた「キャタピラー付きクレーン（クローラークレーン）」を出して、その2台で障害物を引き上げることにした。潜水士が海中に潜って、鋼製枠にワイヤーを取り付けた。吊上げ能力50tの2台のクレーンで引き揚げ作業にかかった。クレーンのブームの長さは50mくらいだった。われわれはクレーンから30mくらい離れた場所でそれを見ていた。観衆は20人くらいいたかもしれない。

2台のクレーンが障害物を巻き上げ、それが海面に姿を現わした瞬間であった。水の浮力から抜け出した「吊り荷」は急に重くなった。その瞬間、他社のクレーンが異常を感じたようで勝手に吊り荷を下げてしまった。そうなるともう一台のクレーンに大きな荷重がかかる。クレーンのワイヤーがブチブチと音を立てて切れてしまった。クレーンのブームは海上のほうへ伸びて前かがみの状態になっていたが、急に荷重が抜けた反動で後方に回転して、まっすぐに立ち上がった。

「おおーっ!」。観衆たちは思わず感嘆の声を上げた。クレーンはしばらく直立不動のような状態でゆらゆら揺れていた。まるでプロレスラーが相手にブレーンバスター（相手を倒立のように逆さに抱え上げ、後方に倒れ込みながら床へ落とす技）をかけて、技に〝ため〟をつくるためにいったん最上部で保持しているように。そしてやや後方にかしいだと思ったら、50mのブームはすごい速さでこちら側に倒れてきた。重機のブレーンバスターである。

われわれはクレーンから離れようと一目散に駆け出した。ある者は足がもつれて前転していた。腰が抜けて這っているものもいた。

私たちは怪獣映画のゴジラが出現したときに逃げ惑う民衆のようであった。しかしエキストラよりも100倍は真に迫っていた。

クレーンは「ドドドン！」という大音量とともに地上に倒れた。幸いにもケガ人は一人もいなかった。「驚く」という感情は生きているからこそ抱くと知った。

## 地中からの生還

ある造船場のドック改修工事を担当し、精密機械用のレントゲン室を修理していた。その施設はX線を通さないように厚さ1・5mくらいの壁で囲われていた。壁は鋼製だったが、中には砂が入っていた。大きな「コの字」型の箱に砂が詰まったような形である。鋼製の壁を補修するため、溶接をする部分だけは人間が入れる程度に砂をかき上げていた。溶接工は上から身を乗り出して箱内の溶接をしていた。私は「砂がいつ崩れるかもしれないから、箱の中には絶対入ってはいけない」と言っていた。

数分後、ふと箱を見ると、かき上げたはずの砂が崩れて埋まっていた。溶接工を呼んだが姿はなかった。おそらく溶接のしにくさから箱内に入ってしまい、砂の中に埋もれたのだ。一刻も早く救出しないと窒息死してしまう。私は大声で鍛冶屋の社長を呼び、状況を伝えた。社長はツルハシを持って走ってきた。砂で満杯になった箱にツルハシを振り下ろそうとするので「どこに埋まっているかわからないのでそれは危険だ」と言ってやめさせた。二人で素手のまま、犬かきのように砂をかき上げた。しばらく掘ると、上体を前屈させたような形で埋まっている作業員の腰が見えた。二人で作業員のバンドをつかんで引き上げた。あまりに力を入れたのでバンドが切れて、二人はブレーンバスターのように後方にひっくり返った。

もう少し素手で掘り進めた。今度はズボンの腰のあたりを持って引き上げた。あまりに力を入れすぎたので、作業員を土中から引き出した余勢で、空中高く後方に投げ飛ばしてしまった。屈曲した姿勢で口元に砂がなかったのが幸いしたようだ。作業員は無事であった。「生まれ変わった気持ちでがんばります」と作業員は言った。

ゼネコン時代の筆者

# クライミングこそ人生のパートナー（あとがきに代えて）

スポーツには多くのジャンルがありますが、クライミングほど人生に深く関わる種目はないと思います。多くのスポーツはコートやグラウンドで行なわれるため、プレイする時間とオフは明確です。サーフィンやスキーはフィールドが大きく、普段着や車にも関わってくるので生活とクロスオーバーしていますが、プレイする場所は自然のエリアがメインです。

その点、クライミングはジムではアーバンスポーツとなり、岩場ではアウトドアスポーツという二面性があります。このため仕事帰りにジムへ、週末は岩場へと生活全体に関わる存在でもあります。また、年齢的には10歳未満で登りはじめる子もいますし、80歳を越えても登っている方がいます。つまりクライミングはライフワーク的なスポーツといえます。

私の仕事は主に大型クライミング施設の設計施工ですが、趣味ではクライミングやルート開拓を、そして試合ではルートセッターを務めさせていただくこともあります。とりわけルートセットとルート開拓には深く取り組んでいます。

ルートセットは「クライミングウォール」に恣意的にホールドを配置して所定のルートにしていきます。ルート開拓では「自然の岩」をクリーニングしたり、ボルトを打ったりしてラインを作っていきます。フィールドこそ異なりますが、自己表現的な行為としての同一性があります。

さて、本書の中にも随所にその二つをテーマにしたものが出てきます。二つに共通するのは「作業」というワードです。これは工事のように管理されたなかで体系的に行なうのではなく、局面ごとに個人の判断で決まっていきます。このため、あまりのめり込み過ぎるとついつい安全性が疎かになりがちです。その行き着く先は「アクシデント」であり、本文中でも読者の方々の笑いや憐れみを誘う場面があったかもしれません。しかしそんなハプニングもすべて包括したものがクライミングでもありますので、クライミングの一側面としてお楽しみいただけましたら幸いです。

『ROCK&SNOW』の連載、「クライミングラボ」の総集編というべき本書が出版の運びになりましたのは、ひとえに読者の方々の支持を頂いた故でありますので、皆様に深く感謝いたします。

また本書の発行にあたりましては山と溪谷社の萩原浩司様、北山真様にご尽力をいただきました。さらに表紙は江崎善晴様の力作です。お三方に心より感謝を申し上げます。

私は(アクシデントに対する)「引きが強い」と言われていますが、まだまだクライミングを続けていきたいと思っています。読者の方々の多くはクライミングを経験されていると思います。時には私を反面教師として安全なクライミングを楽しみ、皆様のパフォーマンスが成就されますことを心よりお祈り申し上げます。

二〇二三年七月　東 秀磯

# 100% クライミング人生

2023年8月5日　初版第1刷発行

著者　　東 秀磯

発行人　川崎深雪

発行所　株式会社 山と溪谷社
〒101-0051 東京都千代田区神田神保町1丁目105番地
https://www.yamakei.co.jp/

▪ 乱丁・落丁、及び内容に関するお問合せ先
山と溪谷社自動応答サービス 電話 03-6744-1900
受付時間／11：00〜16：00（土日、祝日を除く）
メールもご利用ください。
【乱丁・落丁】service@yamakei.co.jp
【内容】info@yamakei.co.jp
▪ 書店・取次様からのご注文先
山と溪谷社受注センター
電話 048-458-3455　FAX 048-421-0513
▪ 書店・取次様からのご注文以外のお問合せ先
eigyo@yamakei.co.jp

印刷・製本所　大日本印刷株式会社



Printed in Japan
ISBN978-4-635-34047-2